Wie man flexible Arbeitszeiten plant und einführt

Ein Leitfaden

Dr. sc. techn. Markus Schildknecht

Wie man

flexible Arbeitszeiten

plant und einführt

Ein Leitfaden

Verlag Industrielle Organisation Zürich

CIP-Kurztitelaufnahme der Deutschen Bibliothek

Schildknecht, Markus:
Wie man flexible Arbeitszeiten plant und einführt: e. Leitf./Markus Schildknecht.
– Zürich: Verlag Industrielle Organisation, 1986.
ISBN 3–85743–908–4

ISBN 3 85743 908 4

Vorwort

Die heute angewandten vielfach starren Arbeitszeitstrukturen sind das Ergebnis einer langen Entwicklung. Durch die Arbeitsteilung wurde eine zeitliche Abstimmung immer grösserer Personengruppen nötig, was eine zunehmende Einbindung des Menschen in technisierte Arbeitsprozesse zur Folge hatte. Anstösse zu einer Flexibilisierung der Arbeitszeit kamen von verschiedenen Seiten:

- Die Arbeitnehmer wünschen vermehrt kürzere und flexibler anzuwendende Arbeitszeiten (Schlagwort: Zeitsouveränität). Die Wünsche der Arbeitnehmer bezüglich Art und Ausmass der Flexibilität sind jedoch sehr von individuellen Interessen geprägt und dementsprechend vielfältig.
- Die konjunkturellen Veränderungen der letzten Jahre und sich widersprechende Prognosen für die nächsten Jahre intensivierten die Suche nach neuen Arbeitszeitformen in der Hoffnung, einen Beitrag zur Lösung des Beschäftigungsproblems zu finden.
- Auf betrieblicher Seite führte die Entwicklung neuer Technologien, speziell im Bereich der Mikroelektronik, zu neuen Möglichkeiten der zeitlichen Entkopplung des Menschen von den Produktionsanlagen, als eine Voraussetzung zur Flexibilisierung der Arbeitszeiten. Andererseits wird aus technischen und wirtschaftlichen Gründen eine Verlängerung der Betriebszeit oder eine Flexibilisierung der personellen Kapazität angestrebt.

Es existiert eine Vielzahl von Modellen flexibler Arbeitszeiten in der Praxis, die aber vorwiegend betriebsspezifisch entwickelt worden sind. Da die Voraussetzungen und angestrebten Ziele für die Realisierung flexibler Arbeitszeiten aber von Betrieb zu Betrieb sehr verschieden sind, sind auch die Modelle nicht direkt von einem auf den anderen Betrieb übertragbar.

Bisher weitgehend fehlende Aspekte der Arbeitszeitdiskussion sind systematische Grundlagen zur Planung flexibler Arbeitszeiten in einem Betrieb. Bei der Planung flexibler Arbeitszeiten stellen sich folgende Fragen:

- Wie lässt sich eine betriebsspezifisch optimale Arbeitszeitflexibilität ermitteln und welche Massnahmen sind zu deren Realisierung durchzuführen?
- Mit welchen voraussichtlichen Wirkungen ist die Realisierung der gewählten Arbeitszeitflexibilität verbunden?
- Welchen Beitrag können flexible Arbeitszeiten zur Verwirklichung der aktuellen Forderungen, wie Verlängerung der Betriebszeit und Flexibilisierung der personellen Produktionskapazität leisten?

Unser Buch zeigt den Weg zur Beantwortung aller dieser Fragen. Es soll dem einzelnen Unternehmen in der Praxis helfen, eine zukunftssichere Lösung der Arbeitszeiten zu realisieren.

Prof. E. Brem

Direktor der Stiftung für Forschung und Beratung
am Betriebswissenschaftlichen Institut der ETH

Inhaltsverzeichnis

I Einleitung

II Gestaltung eines Modells flexibler Arbeitszeiten

Vertiefung

I Einleitung

1. Ausgangslage

1.1. Einführung

Die heute angewandten Arbeitszeitstrukturen sind das Ergebnis einer langen konfliktreichen Entwicklung. Das Bild der Arbeit und der Einstellung des Menschen zur Arbeit hat sich im Laufe der Zeit gewandelt und damit die Arbeitszeitstrukturen beeinflusst. War die Arbeitszeit in der vorindustriellen Zeit durch Rhythmen der Natur, religiöse Vorschriften und kulturelle Ueberlieferungen geprägt, was sich auch noch heute in der Wochengestaltung und Feiertagsfestlegung niederschlägt, so wurden seit Beginn der industriellen Revolution die Arbeitszeitstrukturen immer mehr durch die fortschreitende Technisierung und Arbeitsteilung beeinflusst.

Mit der Einführung der Arbeitsteilung wurde eine zeitliche Abstimmung immer grösserer Personengruppen nötig, und die Folge der Technisierung war eine zunehmende Einbindung des Menschen in mechanisierte und automatisierte Arbeitsprozesse.

Daraus resultierte eine Erstarrung der Arbeitszeitstrukturen, die als Folge betrieblicher Gegebenheiten nicht mehr nur durch die Arbeitgeberseite gefördert, sondern auch von Vertretern der Arbeitnehmer nachdrücklich verlangt wurde. Gründe dafür sind organisationspolitische Schwierigkeiten und strategische Erfordernisse gewerkschaftlicher Politik, wie zBsp. eine bessere Vereinheitlichung von Zielen und Forderungen oder die Vergrösserung des Geltungsbereiches von Tarifverträgen [Wiesenthal].

Trotzdem werden Arbeitszeitformen, die von der heutigen Normalarbeitszeit abweichen, je länger je mehr zentraler Diskussionsgegenstand von Arbeitnehmern, Arbeitgebern sowie gesellschaftlicher und staatlicher Interessengruppen. Die Gründe dafür können wie folgt charakterisiert werden:

- Die **Arbeitnehmer** wünschen vermehrt kürzere und insbesondere flexibler anzuwendende Arbeitszeiten (Schlagwort: Zeitsouveränität). Diese Anliegen werden mit einer arbeitswissenschaftlichen und ethisch-moralischen Argumentation unterstützt.
  Wie verschiedene Untersuchungen [zBsp. Engfer] aufzeigen, sind die Wünsche der Arbeitnehmer bezüglich der Art der Flexibilisierung sehr von individuellen Standpunkten und Interessen geprägt und dementsprechend vielfältig.

- Aus **gesellschaftlicher** Sicht führten die konjunkturellen Veränderungen der letzten Jahre und die sich widersprechenden Prognosen für die nächsten Jahre zur Intensivierung der Suche nach neuen Arbeitszeitformen, in der Hoffnung, einen Beitrag zur Lösung des Beschäftigungsproblems zu finden.

- Auf **betrieblicher** Seite führte die Entwicklung neuer Technologien, speziell im Bereich der Mikroelektronik, zu neuen Möglichkeiten der zeitlichen Entkopplung des Menschen von den Produktionsanlagen, was eine Voraussetzung zur Flexibilisierung der Arbeitszeit bedeutete.
  Hinzu kommt noch die Tatsache, dass aus technischen und wirtschaftlichen Gründen (zBsp. ein Produktionsprozess kann nicht unterbrochen werden, kapitalintensive Betriebsmittel verlangen eine zeitlich intensivere Nutzung) oder infolge spezieller Konsumbedürfnisse (zBsp. Zeitungen, frisches Brot am Morgen) eine Ausweitung der Betriebszeit verlangt wird. Dies hat zur Folge, dass Arbeitszeit und Betriebszeit immer mehr auseinanderklaffen. Zur Ueberbrückung dieser Differenzen werden wiederum flexiblere Arbeitszeiten vorgeschlagen.

Flexiblere Arbeitszeitformen werden in der Literatur unter den unterschiedlichsten Aspekten, dem Interessenstandpunkt entsprechend, vorgestellt. Die Aspekte können wie folgt gegliedert werden:

- Humanwissenschaftliche Aspekte:
  . ethisch-moralische
  . physiologische
  . psychologische
  . soziale
  ...

- Gesellschaftliche Aspekte:
  . rechtliche
  . beschäftigungspolitische
  . gewerkschaftspolitische
  . sozialversicherungstechnische
  ...

- Betriebsspezifische Aspekte:
  . organisatorische
  . wirtschaftliche
  . führungstechnische
  . personalpolitische
  ...

Obwohl in vielen Bereichen die Kapitalintensität der Betriebsmittel zunimmt und die Personalkosten dabei relativ an Bedeutung verlieren, setzt sich mehr und mehr das Bewusstsein durch, dass die menschliche Arbeit die entscheidende Investition eines Betriebes ist. Dieser Sachverhalt kommt auch sehr deutlich in einer empirischen Untersuchung erfolgreicher Unternehmungen zum Ausdruck [Peters/Watermann] und kann wie folgt zusammengefasst werden:"Die Mitarbeiter sind die eigentlichen Quellen für Qualitäts- und Produktivitätssteigerungen. Dies setzt die Achtung des Einzelnen und das Vertrauen in die Mitarbeiter voraus."
Umso mehr Gewicht ist dementsprechend der Optimierung des Personaleinsatzes und der Förderung der Mitarbeiter beizumessen.

1.2. Ziele einer Flexibilisierung der Arbeitszeit

Es existiert eine Vielzahl von Modellen flexibler Arbeitszeiten in der Praxis, die aber vorwiegend massgeschneidert für den betreffenden Betrieb entwickelt worden sind. Da die Voraussetzungen und angestrebten Ziele für die Realisierung flexibler Arbeitszeiten aber von Betrieb zu Betrieb sehr verschieden sind, können auch die Modelle nicht direkt von einem auf den anderen Betrieb übertragen werden.

Als häufigste Gründe für eine Flexibilisierung können genannt werden:

. Wunsch nach Verlängerung der Betriebszeit zwecks besserer Nutzung kapitalintensiver Anlagen

. Flexibilisierung der personellen Kapazität

. Erhöhung der individuellen Zeitflexibilität der Mitarbeiter

Die Realisierung von Modellen flexibler Arbeitszeiten, die einen grösseren Flexibilitätsgehalt als übliche Gleitzeitmodelle besitzen, ist dann von wirtschaftlichem Interesse, wenn eine **Verlängerung der Betriebszeit** zwecks besserer Nutzung kapitalintensiver Anlagen erreicht wird. Flexible Arbeitszeiten sind in diesen Fällen besonders dort angezeigt, wo sich die Einführung einer ganzen zusätzlichen Schicht nicht lohnt, da die Voraussetzungen dafür nicht gegeben sind. Eine wirtschaftliche Wirkung wird unter anderem dank einer zumindest teilweise zeitliche Entkopplung des Menschen vom zu bedienenden Betriebsmittel erreicht. Diese Entkopplung ist vor allem bei einer Erhöhung des Technisierunggrades gegeben, die eine Mehrmaschinenbedienung zulässt (Reduktion des Verhältnisses: Personalkosten/Kapazitätskosten im Vergleich zur Einmaschinenbedienung). Eine besondere Bedeutung kommt in diesen Fällen einer sorgfältigen Ermittlung der betriebsspezifisch optimalen Flexibilität und deren Massnahmen zur Realisierung zu.

Wird eine Flexibilisierung der Arbeitszeit zwecks einer **Flexibilisierung der personellen Kapazität** angestrebt, so ist eine positive Wirtschaftlichkeit schwerer nachzuweisen. Der Grund liegt darin, dass es in vielen Fällen schwierig ist, die resultierenden Ertragswirkungen auch richtig abzuschätzen. Es soll aber an dieser Stelle bereits darauf hingewiesen werden, dass die alleinige Beurteilung bezüglich der Wirtschaftlichkeit unvollständig ist und zu Fehlentscheidungen führen kann. Aus diesem Grund ist eine ergänzende Beurteilung der Wirkungen bezüglich der gesamtbetrieblichen Flexibilität vorzunehmen, wozu aber eine gute Wirtschaftlichkeitsermittlung Grundlage ist. Ferner kann diese Betrachtung durch eine Beurteilung bezüglich der Wirkungen auf die betriebliche Innovationsfähigkeit ergänzt werden. Zu einer vollständigen Beurteilung gehört auch eine Ermittlung der Wirkungen in Bezug auf die Humanisierung der Arbeit, die jedoch von Betrieb zu Betrieb sehr unterschiedlich gewichtet wird. Schliesslich ist festzuhalten, dass die Anforderungen an das Führungsverhalten des unteren Kaders bei einer kurzfristigen Flexibilisierung der personellen Kapazität beträchtlich sind.

Soll mit einer Flexibilisierung der Arbeitszeit weder eine Verlängerung der Betriebszeit noch eine Flexibilisierung der personellen Kapazität angestrebt werden und liegen auch keine weiteren betrieblichen Gründe vor (zBsp: Ansprechen eines bestimmten Arbeitsmarktsegmentes), so ist eine diesbezügliche Wirtschaftlichkeitsbetrachtung mit grossen Unsicherheiten verbunden. Diese Feststellung wird durch die Schwierigkeiten bei einer Schätzung der Wirkungen, wie zBsp. einer Erhöhung der Arbeitsproduktivität, einer Reduktion der Fehlzeiten oder der Personalfluktuation, begründet.

Im weitern wurden noch die Untersuchungsresultate anderer Autoren bestätigt, welche aufzeigten, dass bei einer geringen Flexibilisierung (zBsp.: übliche Gleitzeitregelung) in den allermeisten Fällen mit einer gesamthaft positiven Wirkung gerechnet werden darf.

In allen Fällen wurde erkannt, dass eine weitergehende Flexibilisierung der Arbeitszeit eine sorgfältige Analyse betrieblicher Voraussetzungen verlangt. Auf diese Analyse basierend ist ein betriebsspezifisch optimales Modell mit den begleitenden Massnahmem zu erarbeiten.

Schlussendlich ist festzuhalten, dass die Einführung flexibler Arbeitszeiten eine mögliche Umgehung der Lagerproduktion oder der sonst starken Variation der Lieferfristen bedeuten kann.

1.3 Ansatz zur Problemlösung

Wie oben erwähnt, sind die bereits bestehenden Arbeitszeitmodelle sehr betriebsspezifisch und führen somit auch in abgewandelter Form nicht zu einer optimalen Verwirklichung flexibler Arbeitszeiten. Der Grund dafür ist darin zu sehen, dass die betrieblichen **Modellparameter** (siehe Kapitel II) von Betrieb zu Betrieb sehr unterschiedlich sind.

Nicht zu vergessen ist die grosse Bedeutung der Realisierung eines Interessengleichgewichtes zwischen dem Betrieb einerseits und den Mitarbeitern andererseits unter Beachtung gegebener Randbedingungen.

Somit soll nun die **optimale** Arbeitszeitflexibilität für einen Betrieb **individuell** erarbeitet werden. Diese optimale Flexibilität wird dank einer Analyse der theoretisch möglichen und der gewünschten Flexibilität ermittelt. Darauf basierend sind Massnahmen zur Realisierung dieser Flexibilität herzuleiten.

2. Begriffliche Grundlagen

2.1 Flexibilität und Planung

Flexibilität ist im deutschen Sprachgebrauch erst im 19. Jh. anzutreffen. Als Adjektiv "flexibel" wurde es als Synonym zu elastisch, biegsam verwendet. Heute wird Flexibilität häufig als Fähigkeit verstanden, sich Aenderungen der Situation innert nützlicher Frist anzupassen. Diese Definition ist allerdings sehr allgemeiner Natur. In unseren Betrachtungen soll dieser Begriff wie folgt definiert werden:

Flexibilität = Reaktionspotential bezüglich veränderten Situationen

Somit wird die Flexibilität als aktive Strategie, also als **Planung** der Anpassungsfähigkeit aufgefasst. Die Planung wiederum versucht, in der Gegenwart ein gedankliches Zukunftsbild zu entwerfen.

In den letzten Jahren wurde zunehmend mehr Flexibilität der Betriebe in verschiedenster Hinsicht gefordert, ja sogar als einer der wichtigsten Erfolgsfaktoren deklariert [Schaefer]. Es ist leicht verständlich, dass deshalb auch der Planung der Flexibilität eine grosse Bedeutung zukommt. Das Potential "Flexibilität" kann nur genutzt werden, wenn es in genügendem Ausmass, aber auch in der richtigen Charakteristik vorhanden ist.

Wie man vielleicht dem starken Ruf nach Flexibilität entnehmen könnte, ist diese nicht prinzipiell in maximalem Ausmass anzustreben. Für die Erfolgswirkung der Flexibilität ist wesentlich, dass diese auch effektiv genutzt wird [Schaper]. Denn meistens verursacht Flexibilität auch Aufwand (zBsp. Qualifikationskosten) und verhindert eine maximale Nutzung von Spezialisierungsvorteilen (zBsp. Verwendung von Universalmaschinen anstelle von Einzweckmaschinen). Daraus ergibt sich die Forderung, dass Flexibilität nur soweit bereitzustellen ist, als sie einen positiven Gesamtnutzen bezüglich einer gegebenen Zielsetzung ergibt. Dies setzt voraus, dass eine detaillierte Zielsetzung existiert und ein Nutzen bestimmt werden kann, was aber beides nur im konkreten Fall anzutreffen ist.

2.2 Der Begriff der personellen Kapazität

Unter der personellen Kapazität versteht man die gesamte Verfügbarkeit der menschlichen Arbeit in

quantitativer	zBsp. fixe Arbeitszeit (42h/Woche)
qualitativer	zBsp. Personalausbildungsgrad
zeitlicher	zBsp. 2-Schichtenbetrieb
und örtlicher	zBsp. Aussendienstangestellte

Hinsicht, die dem Betrieb zusteht.

Die Arbeitszeitflexibilität betrifft nur die quantitative und zeitliche Komponente der Flexibilität der personellen Kapazität.

2.3 Arbeitszeit und Betriebszeit

Als **Arbeitszeit** gilt nach dem schweizerischen Arbeitsgesetz die Zeit, während der sich der Arbeitnehmer zur Verfügung des Arbeitgebers zu halten hat; der Weg zu und von der Arbeit gilt nicht als Arbeitszeit (Art. 30, Abs. 1, Arbeitsgesetzverordnung [Arbeitsgesetz]).

Dem Begriff der Arbeitszeit des Menschen steht der Begriff der **Betriebszeit** gegenüber, den wir wie folgt definieren wollen [Hauck]:

"Betriebszeit ist die Zeit, in welcher der Betrieb tatsächlich zur Produktion bereit steht und auch produziert, einschliesslich der Leerlaufdauer, der Pausen und Störungen, aber ausschliesslich der Ruhezeiten, Stillegungszeiten und Streiks."

Da die Nutzung der sachlichen Produktionsfaktoren meistens nur in Kombination mit der menschlichen Arbeitskraft erfolgen kann, ist die Betriebszeit abhängig von der Arbeitszeit des Menschen. (Ausnahme: voll automatisierte Produktion, sogenannte Geisterschichten)

2.3.1 Die feste Arbeitszeit

Die feste Arbeitszeit zeichnet sich durch eine starre Regelung aus, auf die die Mitarbeiter keinen und die Arbeitgeber nur in bestimmten Fällen (zBsp. Ueberzeit, Kurzarbeit) Einfluss ausüben können. Die Einhaltung der exakten Zeitgrenzen für Arbeitsbeginn, Pausen und Arbeitsende wird überwacht, eine Abweichung gilt als Unpünktlichkeit bzw. als Nichteinhalten des Arbeitsvertrages.
Für die feste Arbeitszeit sind folgende Gestaltungsvarianten im Gebrauch [Rahm]:

- Die Beginne der Arbeitszeiten der Mitarbeiter werden **gestaffelt** auf feste Zeitpunkte festgelegt, um eine Entmassung (Verkehr, Kantine) zu bewirken. Je nach Modell wird die Staffelung für kürzere oder längere Zeitspannen, mit keinem oder grösserem Einfluss der Mitarbeiter festgelegt.

- Innerhalb einer **Grenzspanne** kann der Mitarbeiter eine Zeit selbst festlegen, die dann für kürzere oder längere Zeit fixiert wird.

Mit zunehmender Einflussmöglichkeit des Mitarbeiters und zunehmender Wahlfreiheit des Zeitpunktes für Arbeitsbeginn, -ende und Pausen, ist ein fliessender Uebergang von einer festen zu einer flexiblen Arbeitszeit vorhanden.

2.3.2 Flexible Arbeitszeiten

In Bezug auf die Arbeitszeit wird, wie erwähnt, die **quantitative** Komponente angesprochen. Diese äussert sich im Umfang der dem Betrieb zur Verfügung stehenden Arbeitsstunden. Diese Flexibilität des quantitativen Angebotes an Personalkapazität kann in eine äussere (zBsp. Einstellungen, Entlassungen, Schichtarbeit, Temporärkräfte) und eine innere Flexibilität (Individuelle Arbeitszeitflexibilität der in einem festen Anstellungsverhältnis stehenden Angestellten) eingeteilt werden.

Nachdem früher infolge der erstarrten Arbeitszeitstrukturen über lange Zeit eine quantitative Kapazitätsanpassung mit Massnahmen der äusseren Flexibilität realisiert wurden, gewinnt heute die innere Flexibilität immer mehr an Bedeutung. Diese innere Flexibilität, d.h. die Flexibilität der individuellen Arbeitszeiten, ist auch Gegenstand der folgenden Ausführungen.

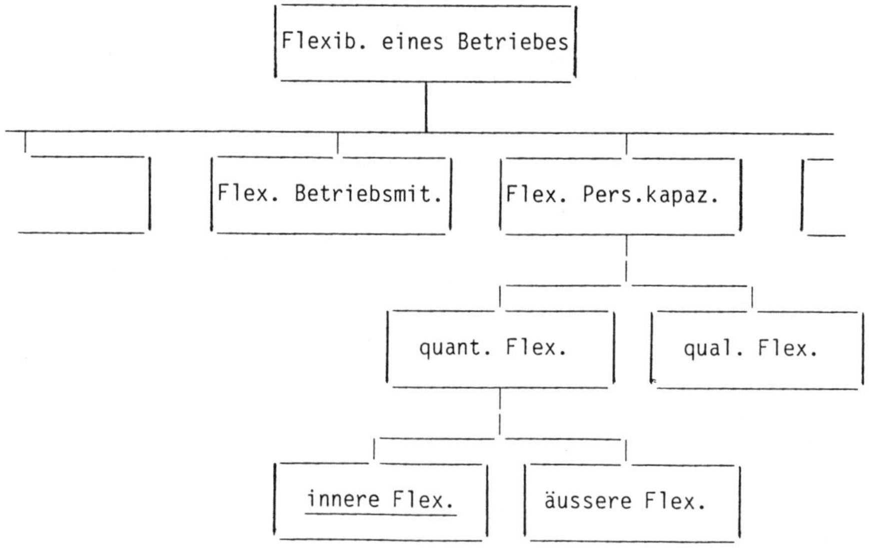

Abb. 1.1: Einordnung der inneren Flexibilität des Angebotes an Personalkapazität

Die Flexibilisierung der Arbeitszeiten kann grundsätzlich in zwei Richtungen in Angriff genommen werden [Teriet]:

> Durch eine **chronometrische** Arbeitszeitflexibilisierung wird eine Anpassung der normalerweise genormten Arbeitszeitmengen an situationsspezifische Gegebenheiten, betrieblicher oder individueller Art, möglich, zBsp. durch Anordnung von Ueberstunden.

. Durch eine **chronologische** Arbeitszeitflexibilisierung wird eine Anpassung der Verteilung der Arbeitszeit (auf Tage, Wochen, Monate, usw.) möglich. Dadurch wird eine Anpassung von Arbeitsbeginn und -ende an spezifische Gegebenheiten realisiert. Da eine chronometrische Arbeitszeitflexibilisierung auch eine Veränderung von Arbeitsbeginn und/oder -ende zur Folge hat, soll als chronologische Flexibilisierung nur gelten, was unabhängig von der Arbeitszeitmenge flexibel ist.

Beide Formen der Flexibilisierung können kombiniert werden, woraus sich ein Handlungsspielraum ergibt.

2.3.3. Die Erfassung der Arbeitszeitflexibilität

Voraussetzung für die Erfassung der Flexibilität ist eine Quantifizierung des Begriffes. Diese Quantifizierung wird durch die Bestimmung eines formelmässigen Zusammenhanges der relevanten Grössen ermöglicht. Graphisch kann der Sachverhalt wie folgt dargestellt werden:

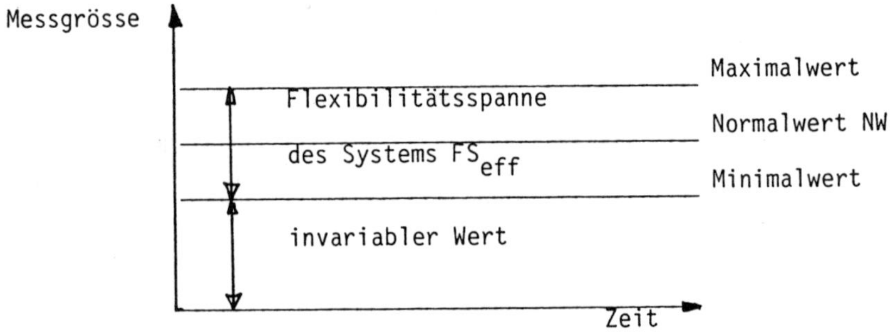

Abb. 1.2: Die Flexibilitätsspanne eines Systems

Die normalwertbezogene Flexibilität wird wie folgt definiert:

$$F\ NW = \frac{FSeff}{NW}$$

3. Bestehende Modelle flexibler Arbeitszeiten

Der Natur der Sache entsprechend existiert eine beinahe unübersichtliche Vielzahl von beschriebenen und praktizierten Modellen flexibler Arbeitszeiten. Die folgenden Ausführungen ergeben verallgemeinerte Modellumschreibungen, um den Rahmen heute praktizierter Modelle aufzuzeigen. Traditionelle Massnahmen zur vorübergehenden Anpassung der benötigten an die erforderliche personelle Kapazität, die einseitig durch den Arbeitgeber angeordnet werden können (zBsp. Kurzarbeit, Ueberzeitarbeit), werden hier nicht als eigenständige Modelle flexibler Arbeitszeiten betrachtet und dementsprechend nicht dargestellt.

3.1 Festlegung der Arbeitszeit für bestimmte Perioden (Tages-, Wochen-, Monats-, Jahresarbeitszeit)

Die Arbeitszeitmenge pro Periode wird nicht mehr zu Beginn eines Anstellungsverhältnisses für die ganze Dauer desselben, sondern nur für eine bestimmte Periode festgelegt. Dabei wird die Arbeitszeitmenge periodisch Gegenstand individueller Uebereinkünfte zwischen Arbeitnehmer und Arbeitgeber und entspricht somit nicht mehr in jedem Fall der wöchentlichen Normalarbeitszeit.

- Varianten:

a) Die Lage der Arbeitszeit wird aufgrund der bestimmten Arbeitszeitmenge pro Periode festgelegt oder ist in bestimmten Grenzen flexibel. Im letztgenannten Fall wird die chronometrische durch eine chronologische Flexibilität ergänzt.

b) Das Fehlzeitenrisiko (Krankheit, Unfall usw.) kann dem Arbeitnehmer übertragen werden, indem er die vertraglich fixierte Arbeitszeit in jedem Fall einzuhalten hat, oder aber das Fehlzeitenrisiko bleibt weiterhin, wie in herkömmlichen Zeitmodellen, beim Arbeitgeber. Ersteres ist vollumfänglich nur bei langen Perioden vorgeschlagen worden [VOLVO Schweden], in beschränktem Ausmass aber auch bei kürzeren Perioden denkbar und in einigen Fällen (zBsp. Betriebsstörungen) sogar im Gesetz vorgesehen (Art. 11, Arbeitsgesetz).

- Chancen:

. Je nach Ausmass der Fehlzeiten-Risikoübertragung konsistentere Planungsgrundlagen für die Personaleinsatzplanung
. Bessere Anpassung der Arbeitszeiten an davon abweichende Betriebszeiten
. Bessere Anpassung der Arbeitszeitmenge an betriebliche Gegebenheiten

- Gefahren:

  . Bei unterschiedlichen Interessenlagen von Arbeitnehmer und Arbeitgeber erschwerte Anpassung an betriebliche Forderungen

3.2 Teilzeitarbeit

Das internationale Arbeitsamt versteht darunter ein regelmässiges, unbefristetes, zwischen Arbeitnehmer und Arbeitgeber freiwillig eingegangenes Arbeitsverhältnis, welches sich durch eine kürzere als allgemein übliche Arbeitszeit kennzeichnet.
Nach dieser Definition ist auch die Kurzarbeit, je nach Auslegung des Begriffes "freiwillig", eine Form der Teilzeitarbeit. Da sich die Kurzarbeit aber bezüglich Anwendung und Zweck (Verhinderung von Entlassungen, Anpassung an eine vorübergehende Produktionseinschränkung) grundsätzlich vom üblichen Begriffsverständnis der Teilzeitarbeit unterscheidet, ist es sinnvoll, die Definition des internationalen Arbeitsamtes einzuschränken, indem als Teilzeitarbeit gilt, wenn für die in Aussicht genommene Beschäftigungsdauer eine kürzere als übliche Arbeitszeit vereinbart wird. Als Zweck der Teilzeitarbeit wird denn auch primär die Erschliessung eines besonderen Arbeitskräfteangebotes genannt (zBsp. vermehrte Einbeziehung der Frau in das Erwerbsleben). Hinsichtlich Lage und Dauer der Arbeitszeit sind verschiedenste Varianten anzutreffen.

- Chancen:

  . Erschliessung eines neuen Arbeitskräftepotentials
  . Feinere Anpassung der personellen Kapazität an die erforderliche Kapazität
  . Höhere Leistung je Arbeitsstunde (Verbesserung der Arbeitsproduktivität), geringere Fehlzeiten

- Gefahren:

  . Höhere Kosten (Personalzusatzkosten, Verwaltungsaufwand, Arbeitsplatzkosten)

3.3 Gleitende Arbeitszeit

(Synonyme: dynamische, fliessende, individuelle, variable oder flexible Arbeitszeit)

Beginn und Ende der täglichen Arbeitszeit sind nicht mehr für die ganze Belegschaft starr vorgegeben, sondern es ist dem einzelnen Arbeitnehmer gestattet, innerhalb gewisser Grenzen Beginn und Ende der Arbeitszeit selber zu bestimmen. Die Arbeitszeitmenge entspricht meistens der Normalarbeitszeit.

- Varianten:

a) Die Gleitzeitspanne, innerhalb der Beginn und Ende zu wählen sind, kann verschiedene Ausmasse annehmen. Die Gleitzeitspanne wird bestimmt durch Beginn und Ende der Betriebszeit und die sogenannten Blockzeiten (auch Kernzeiten genannt), innerhalb denen der Arbeitnehmer im Betrieb anwesend sein muss. Es existieren auch Modelle, in denen auf Blockzeiten verzichtet wird, womit die chronologische Flexibilität allein durch die Betriebszeit bestimmt ist (=Variable Arbeitszeit).

b) Eine zusätzliche chronometrische Flexibilität kann erreicht werden, wenn die Möglichkeit besteht, in bestimmten Perioden von der vertraglich festgelegten Arbeitszeitmenge abzuweichen und in anderen Perioden wieder auszugleichen. Die so übertragbaren Zeitschulden oder Zeitguthaben werden meistens limitiert, wobei die Höhe der Limite die chronometrische Flexibilität bestimmt.

- Chancen:

. Verbesserung der Arbeitsproduktivität
. Mögliche Verlängerung der Betriebszeit
. Mögliche kurzfristige Anpassung der personellen Kapazität an betriebliche Gegebenheiten

- Gefahren:

. Zusätzlicher Aufwand für Verwaltung und verlängerte Betriebszeit
. Organisatorische Probleme während Gleitzeitspanne

3.4. Freie Arbeitszeit

Eine freie Arbeitszeit liegt vor, wenn nicht nur Beginn und Ende der Arbeitszeit pro Periode innerhalb gewisser Grenzen frei wählbar sind, sondern auch die Arbeitszeitmenge von der Normalarbeitszeit abweichen kann.
Prinzipiell ergeben sich die gleichen Chancen und Gefahren wie bei der gleitenden Arbeitszeit. Zusätzlich ist jedoch zu beachten:

. Möglichkeit einer zusätzlichen Verlängerung der Betriebszeit, ohne auf das Schichtsystem mit der starken Zunahme der Kapazität zurückkommen zu müssen
. Zusätzlicher Organisationsaufwand

3.5 Job sharing

Zwei oder mehr Mitarbeiter teilen sich innerhalb einer vorgegebenen Gesamtarbeitszeit auf einen oder mehrere Arbeitsplätze in gemeinsamer Verantwortung. Die Arbeitszeit teilen sie sich selbst ein. Ein diesbezügliches Weisungsrecht erhält der Arbeitgeber nur, wenn sich die Job Sharer nicht einig werden.

- Varianten:

a) Neben der Arbeitszeitaufteilung kann den Job Sharern auch ein unterschiedlicher Freiheitsgrad in der Tätigkeitsaufteilung gewährt werden.

b) Die gegenseitige Stellvertretungspflicht der Job Sharer wird sehr unterschiedlich geregelt.

c) Beim Ausscheiden eines Job Sharers kann der Kündigungsschutz für die übrigen Mitglieder der Gruppe unterschiedlich ausgeprägt sein und reicht von der vollautomatischen Kündigung der übrigen Arbeitsverhältnisse bis zu einem umfassenden Kündigungsschutz.

Die Chancen und Gefahren sind für den Betrieb im allgemeinen die gleichen wie bei der Teilzeitarbeit, können aber durch folgende Aspekte ergänzt werden:

. Koppelung unterschiedlicher Fähigkeiten an einem Arbeitsplatz
. Mögliche Uebertragung des Fehlzeitenrisikos auf Arbeitnehmer
. Komplizierung der Kündigungssituation

3.6 Gleitender Uebergang in den Ruhestand

Die Arbeitszeit für ältere Mitarbeiter wird stufenweise bis zur Pensionierung reduziert. Dieses Modell kann auch als Teilzeitarbeit für bestimmte Lebensabschnitte aufgefasst werden, unterscheidet sich aber von der Teilzeitarbeit durch spezielle Lohn- und Rentenregelungen.

- Varianten:

a) Die Verkürzung der Arbeitszeit kann über eine Verminderung der Wochenarbeitszeit und/oder über zusätzliche Urlaubszeiten durchgeführt werden.

b) Der gleitende Uebergang in den Ruhestand führt normalerweise zu einer Verkürzung der Lebensarbeitszeit, kann aber auch für leistungsfähige und leistungsbereite Mitarbeiter zu einer Weiterbeschäftigung über das übliche Pensionierungsalter hinaus benützt werden.

- Chancen:

. Erhaltung von Arbeitsstellen bei Beschäftigungsproblemen und damit Erhaltung von Erfahrung und Wissen
. Bessere Einarbeitung für junge, nachrückende Arbeitskräfte

- Gefahren:

. Höhere Kosten für Unternehmung (Lohnkosten, Sozialversicherungskosten, Organisationsaufwand)

3.7 Urlaubarten

Urlaub im weiteren Sinne ist jegliche, auf einen bestimmten Zeitraum begrenzte Freistellung des Arbeitnehmers von seiner arbeitsvertraglichen Pflicht [Gaugler]. Der Erholungsurlaub, als Urlaub im engeren Sinne, entspricht der vertraglich vereinbarten jährlichen Feriendauer oder der gesetzlich festgelegten Mindestferiendauer (Art. 329/349, OR).
Urlaub im Zusammenhang mit Modellen flexibler Arbeitszeiten ist ein Urlaub, der über denjenigen im engeren Sinne hinaus bezogen wird.

- Varianten:

a) Ein Langzeiturlaub (Sabbatical) ist ein Sonderurlaub für mehrere Monate bis zu einem Jahr (Jahresurlaub) mit verschiedenen möglichen Zwecken.
b) Interne/externe Weiterbildungsurlaube
c) Sonstige freiwillige Beurlaubungen

- Chancen:

. Für entsprechende Funktionen besser qualifiziertes Personal

- Gefahren:

. Personalkosten
. Dequalifikation infolge zu langem Nicht-Bildungsurlaub
. Durch Abwesenheit bedingte Organisationsprobleme

3.8 Weitere Modelle

Es besteht noch eine Vielzahl von Modellen und Modellbezeichnungen, die jedoch praktisch ausnahmslos einem der aufgezeigten Modelle mit entsprechenden Variationsmöglichkeiten oder einer Kombination der Modelle zugeordnet werden können. Zwei Beispiele sollen das verdeutlichen:

- Tandemarbeitszeit:

  Zwei Arbeitnehmer teilen sich in einen Arbeitsplatz. Die Zeiteinteilung bleibt ihnen überlassen, wobei jedoch jährlich eine bestimmte Sollzeit zu erreichen ist. Dieses Modell ist eine mögliche Ausprägung des Job sharing.

- KAPOVAZ:

  (Kapazitätsorientierte variable Arbeitszeit) Der Arbeitseinsatz wird normalerweise monatlich aufgrund der Belastungssituation primär durch den Arbeitgeber festgelegt. Die KAPOVAZ ist in dieser Form eine Art Monatsarbeitszeit mit einseitigem Weisungsrecht des Arbeitgebers.

Aus den aufgezeigten Ueberlegungen geht klar hervor, dass die Anwendung flexibler Arbeitszeitmodelle sehr unterschiedliche Auswirkungen für den einzelnen Arbeitnehmer und den Betrieb hat, indem die individuelle Flexibilität des einzelnen Arbeitnehmers bedeutend höher ist als die daraus resultierende Flexibilität der personellen Kapazität des Betriebes. Am wenigsten ausgeprägt ist dieser Unterschied bei der konventionellen Gleitzeit. Im weiteren ist festzustellen, dass keines der Modelle bezüglich der chronometrischen Flexibilität der personellen Kapazität mehr Möglichkeiten ergibt, als die traditionellen Methoden wie Ueberzeitarbeit und Kurzarbeit. Diesbezüglich sind also von den neuen Arbeitszeitmodellen keine Wunder zu erwarten.

Die Zusammenfassung möglicher Chancen und Gefahren flexibler Arbeitszeitmodelle für den Betrieb zeigt aber, dass die Untersuchung der Auswirkungen der Modelle auf die Flexibilität der personellen Kapazität allein nicht genügt. Es dürfte nämlich sehr bedeutungsvoll sein, ob eine Flexibilisierung durch einseitige Anordnungen (zBsp: Kurzarbeit, Ueberzeit) oder durch von Freiwilligkeit geprägte Uebereinkünfte zwischen Arbeitgeber und Arbeitnehmer erzielt wird.

Eine bei starrer Arbeitszeit unmögliche chronologische Flexibilität der personellen Kapazität kann mit flexiblen Arbeitszeitmodellen erreicht werden. Es ist daher auch zu untersuchen, wieweit die gewünschten Wirkungen einer chronometrischen Flexibilität durch eine chronologische Flexibilität erreicht werden können.

4. Humanwissenschaftliche und gesellschaftliche Aspekte flexibler Arbeitszeiten

Eine umfassende Diskussion dieser Aspekte ist seit einigen Jahren in der entsprechenden Fachliteratur zu finden [siehe Literaturverzeichnis]. Diese Aspekte werden meistens von einem ganz bestimmten Arbeitszeitmodell ausgehend dargelegt. Mit wenigen Ausnahmen werden für verschiedene Modelle ähnliche Aussagen hergeleitet, so dass diese generell für flexible Arbeitszeitmodelle als charakteristisch betrachtet werden können.

Humanwissenschaftliche Aspekte:

	Mögliche Vorteile:	Mögliche Nachteile:
Allgemein:	. Bessere Anpassung der Arbeitsmenge und/oder -lage an individuelle Bedürfnisse	. Mögliche erhöhte Druckausübung in Richtung einer vom Arbeitnehmer nicht gewollten Arbeitszeit
	. Bessere Abstimmung zwischen Erwerbsarbeit und Nicht-Erwerbsarbeit	. Mögliche Fehlzeitenrisikoübertragung auf Arbeitnehmer
	. Entwicklung hin zu mehr Selbstverantwortung	. Intensivierung der Arbeit bei Anpassung der Arbeit an die Leistungsnachfrage
	. Individuelle Verfügungsgewalt über Arbeitszeit (Arbeitszeitsouveränität)	. Flexibilisierung nicht bei allen Berufsgruppen gleich gut möglich, daraus ergibt sich eine Benachteiligung verschiedener Berufsgruppen
	. Höhere Arbeitszufriedenheit	
	. Verbesserte Möglichkeiten der Selbstverwirklichung	
	. Befreiung vom Pünktlichkeitszwang	. Einführung der individuellen Zeiterfassung kann als zusätzliche Kontrolle empfunden werden
	. Physiologische Vorteile infolge Anpassung der Arbeitszeit an individuellen Lebensrhythmus	
	. Verminderung von Stress durch zeitliche Anpassung des Arbeitsweges an Verkehrslage	
	. Weniger Arbeitsunfälle	

Mögliche Vorteile:	Mögliche Nachteile:
. Vergrösserung des Handlungsspielraumes	
. Verbesserung der Kommunikation	
. Erhöhung der Arbeitsmotivation	
. Förderung sozialer Kontakte	
Modellspezifisch:	
. Bildungsurlaub: bessere Chancen auf Arbeitsmarkt . Gleitender Ruhestand: humaneres Ausscheiden aus Arbeitsprozess, erhöhtes Selbstgefühl, falls Arbeitslosigkeit durch Teilzeitarbeit ersetzt wird	. Teilzeitarbeit wird als Anstellungsverhältnis 2. Klasse betrachtet, geringere Aufstiegschancen . Job Sharing: ev. schlechterer Kündigungsschutz, höhere Abhängigkeit vom JS-Partner . Urlaub: mögliche Dequalifikation bei zu langem Urlaub . Gleitender Ruhestand: Unzumutbarkeit nötiger Rentenkürzungen

Gesellschaftliche Aspekte:

	Mögliche Vorteile:	Mögliche Nachteile:
Allgemein:	. Je nach Annahme bezüglich Rationalisierungschancen-Nutzung, Produktivitätsentwicklung, Aenderung der Produktionsfaktoren, Umfang freiwilliger Arbeitszeitverkürzung, usw. ergeben sich mehr oder weniger positive Beschäftigungswirkungen, dh. mögliche Vermeidung von Entlassungen bzw. Vermeidung eines Anstieges der Arbeitslosigkeit.	
	. Arbeitszeitliche Belastungen sind sehr unterschiedlich verteilt, einzelne Kategorien von Arbeitnehmern sind gleichzeitig chronometrischen und chronologischen Belastungen ausgesetzt, andere haben relativ günstige Bedingungen. Arbeitspolitische Massnahmen stossen daher auf ganz unterschiedliche Ausgangslagen [Engfer] und sind in ihrer Wirkung sehr schwer zu fassen.	
	. Bei positivem Beschäftigungseffekt Entlastung der Arbeitslosenversicherung . Freiwillige Arbeitszeitverkürzungen berücksichtigen die Einkommenssituation.	. Gewerkschaftl. Probleme: organisationspolitische Schwierigkeiten, Schwächung der Organisation durch uneinheitlich Forderungen und Ziele dh. negative Folgen für die allgemeinen Bedingungen gewerkschaftlicher Interessenvertretung Mindestlohn-Garantiefunktion bei starrer Normalarbeitszeit ist gefährdet gewerkschaftliches Regelungsdefizit infolge unzureichender Repräsentation von Teilzeitbeschäftigten in Gewerkschaft
Modellspezifisch:		
	. Arbeitszeitverkürzung: Aufwertung ehrenamtlicher sozialer Tätigkeiten	. Arbeitszeitverkürzung: mögliche Zunahme von Schwarzarbeit
	. Bildungsurlaub: Verbesserung der Ausbildungsstruktur des Arbeitsmarktes	. Gleitender Ruhestand: mögliche zusätzliche Belastung der Rentenversicherung

5. Die Arbeitszeitflexibilität als Teil der gesamtbetrieblichen Flexibilität

Als Folge des beschleunigten strukturellen Wandels, der in den letzten Jahren immer deutlicher erkannt worden ist, wurden wiederholt zwei hauptsächliche Schwachstellen bestehender Führungssysteme in den Vordergrund gestellt:

. Eine lückenhafte Interpretation sich ändernder Umweltfaktoren und

. eine mangelnde Berücksichtigung gesamtbetrieblicher Flexibilität.

Dementsprechend wurde die Flexibilität grundsätzlich als wesentlicher Bestandteil eines Erfolgspotentials erkannt und die Forderung gestellt, dass sich der Betrieb flexibel zu verhalten habe.

Es wurde schon darauf hingewiesen, dass neben einer angestrebten Verlängerung der Betriebszeit, die Flexibilisierung der personellen Kapazität eine bedeutende betriebliche Motivation zur Einführung flexibler Arbeitszeiten darstellt. Die folgende Ueberlegung soll den Stellenwert einer Flexibilisierung der personellen Kapazität im Rahmen der immer bedeutungsvoller werdenden gesamtbetrieblichen Flexibilität unterstreichen:

Die aktive Veränderungsfähigkeit des sogenannten **Outputs** eines Betriebes (= Sachgüter, Informationen, Dienstleistungen) ist in **quantitativer** (zBsp. Anpassung der Stückzahl) und in **zeitlicher** (zBsp. saisonale Betriebsspitzen) Hinsicht durch die Flexibilität der personellen Kapazität bestimmt (siehe I.2.2). Dagegen aber ist beispielsweise der qualitative Aspekt durch weitere Faktoren (zBsp. Personalausbildung) gegeben. Somit werden wesentliche Teile der gesamtbetrieblichen Flexibilität durch die Arbeitszeitflexibilität bestimmt.

Zudem soll darauf hingewiesen werden, wie sich der **Technisierungsgrad** eines Arbeitsystems auf die gesamtbetrieblichen Flexibilität auswirkt. Der Technisierungsgrad wird nämlich als massgebende Bestimmungsgrösse zukünftiger Entwicklungsmöglichkeiten eines Arbeitssystems betrachtet, die auch die theoretisch mögliche Arbeitszeitflexibilität stark beeinflusst.

II Gestaltung eines Modells flexibler Arbeitszeiten

1. Modellparameter

Es sind konkrete Arbeitszeitmodell-Varianten zu erarbeiten und zu beurteilen. Um diese Modellerarbeitung systematisch und gezielt zu ermöglichen, sollen im folgenden die, ein Modell im wesentlichen bestimmenden Parameter aufgezeigt und diskutiert werden:

1. chronometrische Flexibilität
2. chronologische Flexibilität
3. Ankündigungsfrist
4. Wirkungsdauer
5. Anpassungsmodus
6. Gehaltsregelung
7. Methoden der Zeiterfassung
8. Geltungsbereich
9. Kontrollmassnahmen
10. modellspezifische Parameter

1.1 Chronometrische Flexibilität

Die chronometrische Flexibilität (I.2.3.2) kann sehr unterschiedlich ausgeprägt sein und durch folgende Subparameter definiert werden:

- Flexibilitätsspanne: Das Ausmass der Flexibilität ist pro Bezugsperiode festzulegen.

- Bezugsperiode: Es ist zwischen kurzfristiger (täglicher) und mittel- bzw. langfristiger Flexibilität (Woche, Monat, Jahr) zu unterscheiden (siehe Anhang 1)

- Stufengrösse: In vielen Fällen, vor allem bei der mittel- und langfristigen Flexibilität, kann es sinnvoll sein, nicht beliebige Werte innerhalb der Flexibilitätsspanne zuzulassen. Dies bedeutet, dass eine Stufung des Flexibilitätsangebotes vorgenommen wird (zBsp: Flexibilitätsspanne = 50% der Normalarbeitszeit, die Arbeitszeit kann wahlweise nur auf 80%, 70%, 60% und 50% reduziert werden).

Vor allem bei der Festlegung einer kurzfristigen chronometrischen Flexibilität ist eine Periode festzulegen, innerhalb der die vereinbarte Soll-Arbeitszeit durchschnittlich eingehalten wird (zBsp: bei täglicher chronometrischer Flexibilität: Ausgleich pro Monat). Für zu erwartende Abweichungen ist eine Grenze festzulegen, innerhalb der ein Uebertrag auf die nächste Periode möglich ist, was der Bildung einer mittel- bzw. langfristigen chronometrischen Flexibilität entspricht.

1.2 Chronologische Flexibilität

Wie schon die chronometrische Flexibilität kann auch die chronologische Flexibilität durch folgende Subparameter beschrieben werden:

- Flexibilitätsspanne: Pro Bezugsperiode ist die Flexibiliätsspanne festzulegen (zBsp: Anzahl Stunden pro Tag oder Woche, Anzahl Tage pro Monat oder Jahr). Die Flexibilitätsspanne wird primär durch die Betriebszeit und die Soll-Arbeitszeitmenge bestimmt, kann aber auch durch andere Einflussfaktoren, wie zBsp. Kernzeit und Mittagspause eingeschränkt werden.

- Bezugsperiode: Auch hier kann eine kurzfristige von einer mittel- bzw. langfristigen Flexibilität unterschieden werden.

- Stufung: Je nach betrieblicher Situation kann es angezeigt sein, eine gestufte Flexibilität anzubieten, indem zBsp. die Aufnahme und Beendigung der täglichen Arbeit innerhalb der Flexibilitätsspanne nur zu bestimmten Zeitpunkten (zBsp: pro einviertel Stunde) möglich ist oder indem eine minimale tägliche Arbeitszeit vorgeschrieben wird, falls die Arbeit innerhalb einer wöchentlichen chronologischen Flexibilität auf sechs Tage verteilt werden kann.

Falls der Zeitpunkt des Ferienbezugs frei wählbar ist, ist auch damit eine gewisse chronologische Flexibiltät gegeben. Diese kann noch ergänzt werden, indem eine längere Feriendauer durch eine erhöhte wöchentliche Arbeitszeit kompensiert wird (zBsp: pro zusätzliche Ferienwoche wird die wöchentliche Arbeitszeit um eine Stunde erhöht, wobei eine Begrenzung auf zwei zusätzliche Wochen gegeben ist [Fiedler]). Diese Varianten können noch durch eine chronometrische Flexibilität ergänzt werden, falls die Möglichkeit besteht, durch Lohnreduktion zusätzliche Ferienwochen ohne Zeitausgleich zu beziehen.

1.3 Ankündigungsfrist

Darunter wird die Frist verstanden, vor der die Nutzung einer gegebenen Flexibilitätsspanne angekündigt werden muss. Bei einer kurzfristigen Flexibilität muss in den meisten Fällen kaum eine Ankündigungsfrist vorgesehen werden (zBsp: Gleitende Arbeitszeit). Anders verhält es sich bei der mittel- und langfristigen Flexibilität, wo zwecks Durchführung einer sinnvollen Personalplanung entsprechende Fristen festgelegt werden sollten (zBsp: Periodenarbeitszeit: Festlegung der Arbeitszeit während einer Periode mindestens einen Monat vor der betreffenden Periode).

1.4 Wirkungsdauer

Unter der Wirkungsdauer wird die Frist, während der eine Arbeitszeitregelung Gültigkeit besitzt, verstanden. Während bei einer erstmaligen Anwendung flexibler Arbeitszeiten generell eine "Probezeit" festgelegt werden kann, nach der eine erste definitive Regelung getroffen werden soll, wird die Festlegung einer begrenzten Wirkungsdauer nach der Einführungsphase nicht generell zweckmässig sein. So kann eine kurzfristige Flexibilität vielfach auf eine nicht beschränkte Dauer festgelegt werden. Anders verhält es sich bei der mittel- und langfristigen Flexibilität, da diesbezügliche Arbeitszeitregelungen zur Erhaltung der Flexibilität befristet werden sollten (zBsp: Periodenarbeitszeit: Festlegung von Menge und Verteilung der Arbeitszeit für eine bestimmte Periode; Teilzeitarbeit: Festlegung des Teilzeitgrades nur für eine begrenzte Dauer, womit daraus ein Spezialfall der Periodenarbeitszeit wird; jährliche Festlegung der Ferienregelung).

1.5 Anpassungsmodus

Damit wird neben der Ankündigungsfrist ein weiterer Aspekt des Verfahrens zur Festlegung der Arbeitszeitregelung angesprochen. Mit dem Anpassungsmodus ist die Art des Einflusses von Arbeitnehmer und Arbeitgeber auf die Gestaltung der Arbeitszeit, bzw. die Nutzung der gegebenen Flexibilitätsspanne festzulegen. Mittels zweier **Extremfälle** soll die Spannweite der möglichen Regelungen aufgezeigt werden:

- Kapazitätsorientierte variable Arbeitszeit: Die monatliche Normalarbeitszeit ist je nach Arbeitsanfall durch den Arbeitgeber variabel einteilbar. Dem Mitarbeiter kommt kein Mitspracherecht zu.

- "Arbeitszeit à la carte": Innerhalb der festgelegten Flexibilitätsspanne wählt der Arbeitnehmer die ihm genehme Variante aus, ohne dass der Arbeitgeber einen Einfluss darauf ausüben kann.

Das erstgenannte Extrembeispiel widerspricht vielen Zielen einer Flexibilisierung der Arbeitszeit und ist daher kaum zur Realisierung zu empfehlen. Anders steht es mit dem zweiten Beispiel, das mit Erfolg bei der gleitenden Arbeitszeit angewandt wird. Der Grund liegt darin, dass der Arbeitgeber über die Festlegung der Flexibilitätsspanne einen indirekten, aber wesentlichen Einfluss besitzt.

Die zweckmässigste Lösung für die Nutzung der mittel- und langfristigen Flexibilität wird in den meisten Fällen darin bestehen, dass die Interessen beider Seiten abgestimmt werden. Dies kann durch Einzelgespräche oder zwecks Reduktion des Aufwandes, durch die Erfassung der Arbeitnehmerwünsche mittels Fragebogen und Einzelabstimmung nur in kritischen Fällen, geschehen.

Im weiteren sind Ausnahmesituationen denkbar, in denen dem Arbeitgeber ein Weisungsrecht zufallen sollte. Entsprechende Regelungen sollten auch Bestandteil eines Arbeitszeitmodells sein.(ZBsp: Job sharing: Normalerweise steht den "Job Sharern" das Recht zu, die Arbeitszeit untereinander aufzuteilen. Können sich diese jedoch nicht einigen, so erhält der Arbeitgeber das Recht, entsprechende Weisungen zu erlassen.)

1.6 Gehaltsregelung

Mit der Gehaltsregelung sind zwei Problemkreise angesprochen:

Einerseits ist für die unterschiedlichen Arbeitszeitmengen das entsprechende Gehalt festzulegen. Dabei kann von der in den meisten Branchen tarifvertraglich festgelegten Normalarbeitszeit ausgegangen werden. Gebräuchlich sind lineare Abhängigkeiten zwischen Zeit und Gehalt. Je nach Unternehmungszielsetzung und weiteren betriebsspezifischen Gegebenheiten kann auch ein nichtlinearer Zusammenhang gewählt werden, zBsp:

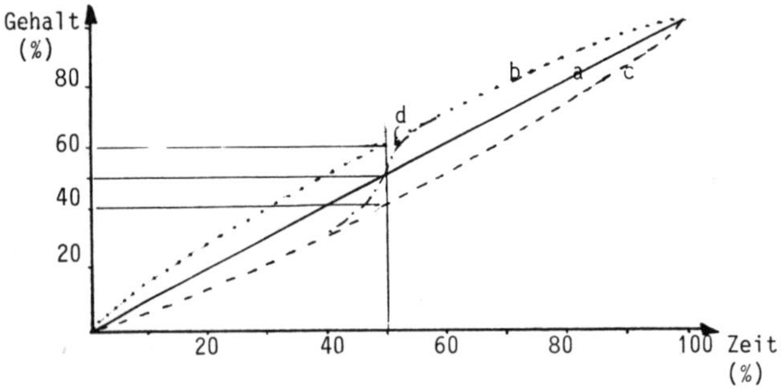

a) linearer Zusammenhang

b) leicht degressive Gehaltskurve: Förderung der Teilzeitarbeit

c) leicht progressive Gehaltskurve: Förderung der Vollzeitarbeit

d) bereichsweise progressive bzw. degressive Gehaltskurve: Förderung der Teilzeitarbeit über 50%, darunter Benachteiligung der Teilzeitarbeit

Abb. 2.1: Gehaltsregelungen

Es versteht sich von selbst, dass die Form der Gehaltskurve nicht willkürlich gewählt werden darf, sondern dass nachweisbare betriebliche Aufwand-/Nutzenüberlegungen zu einer entsprechenden Form führen sollten. Ist dies nicht der Fall und somit für den Mitarbeiter kein begreiflicher Leistungs-(Zeit)/Gehalts-Zusammenhang gegeben, so kann dies für betroffene Mitarbeitergruppen sehr demotivierend wirken. Die gleichen Ueberlegungen sind auch für die Berechnung des 13. Monatsgehaltes, der Gratifikation, usw. anzustellen.

Andererseits ist zu überlegen, wie die Gehaltsauszahlungen über das Jahr verteilt werden sollen, da die geleistete Arbeitszeit auch entsprechenden Schwankungen ausgesetzt sein kann. Zwei Grundsätze sollten dabei in Uebereinstimmung gebracht werden:

. Möglichst gleichmässige (monatliche) Gehaltszahlungen

. Der geleisteten Arbeitszeit entsprechende Gehaltsauszahlungen

Mögliche Lösungen müssen betriebsspezifisch erarbeitet werden und können zBsp. wie folgt gestaltet werden: Basierend auf der mitarbeiterbezogenen Zeitplanung erfolgen gleichmässige Gehaltauszahlungen mit quartalsweisen oder halbjährlichen Abrechnungen. Differenzbeträge können, soweit in der Folgeperiode kein Zeitausgleich vorgenommen wird, einmalig oder verteilt über die nächste Periode berücksichtigt werden.

Wird bei der Festlegung des Anpassungsmodus für den Arbeitgeber ein weitgehendes Weisungsrecht bezüglich der Nutzung der Flexibilität eingeräumt, so kann den davon betroffenen Mitarbeitern eine Flexibilitätszulage ausbezahlt werden. Damit wird die Bereitschaft der Arbeitnehmer, ihre Arbeitszeit auf den Betrieb auszurichten, entschädigt (ähnliche Funktion wie Schichtzulage).

Es sind noch weitere finanzielle Anreize zur Anpassung der individuellen Arbeitszeit an betriebliche Gegebenheiten denkbar und situationsbezogen in eine Untersuchung miteinzubeziehen:

. Prämien für den Bezug von Urlaub in Zeiten der Unterbeschäftigung
. Gruppenprämien auf der Basis eingesparter Stunden infolge der Arbeitszeitanpassung usw.

1.7 Methoden der Zeiterfassung

Wenn eine kurzfristige Flexibilität vorliegt oder wenn bei einer grossen Zahl der Mitarbeiter unterschiedliche, mittel- und langristige Zeitregelungen praktiziert werden, so dürfte die Dienstaufsicht der Vorgesetzten als Kontrollinstrument kaum mehr genügen. Deshalb sind die Ist-Zeiten zu erfassen, wobei folgende Methodengruppen unterschieden werden können:

. Selbstaufschreibung:
Einerseits ist dies eine einfache, die Selbstkontrolle fördernde Methode. Andererseits ist die Selbstkontrolle der Arbeitszeit subjektiv und dient somit weder dem Mitarbeiter noch dem Betrieb als Schutz vor Misstrauen und Zweifel und lässt auch eine einigermassen objektive Kontrolle der Arbeitsschutzbestimmungen nicht zu. Diese Methode ist deshalb höchstens für kleine, übersichtliche Betriebe empfehlenswert, deren Mitarbeiter an einen hohen Grad der Selbstkontrolle gewohnt sind.

. Zeiterfassungsgeräte:
Die Probleme der Zeiterfassung im Zusammenhang mit der Einführung der gleitenden Arbeitszeit haben zur Entwicklung einer breiten Palette von Geräten geführt. Von der einfachen Zeitpunkterfassung (Stempeluhr) über Zeitsummenzähler bis zu umfangreichen Datenerfassungssystemen (zBsp: Ausweisleserystems), die nicht nur eine direkte Zeiterfassung,

sondern auch weitgehende Auswertungen zulassen. (Eine detailliertere Beschreibung der Möglichkeiten findet sich in der entsprechenden Fachliteratur, zBsp. [Hackh].)

In Abhängigkeit des Arbeitszeitmodells sind die Erfassungszeitpunkte zu definieren (täglicher Beginn und Ende, Pausen, Abwesenheiten, usw.). Welche Regelung gilt, falls die Zeiterfassungsgeräte nicht bedient werden können (zBsp: Ortsabwesenheit bei Arbeitsschluss)?
Es sind die angerechneten Zeiten bei Dienstreisen, Krankheit und Ferien zu definieren. Zudem ist festzulegen, welche Zeiten als Ueberzeit bzw. Unterzeit angerechnet werden.
Falls für unterschiedliche Betriebsbereiche auch unterschiedliche Zeiterfassungsmodalitäten festgelegt werden, sind die entsprechenden Bereiche genau abzugrenzen (zBsp: Aussendienstmitarbeiter).

1.8 Geltungsbereich

Der Geltungsbereich des Modells, bzw. der Modelle, falls unterschiedliche Modelle im gleichen Betrieb angewandt werden, ist zu definieren. Ebenso sind Ausnahmefälle und Abweichungen von einzelnen Modellbestimmungen für bestimmte Mitarbeitergruppen festzuhalten.

1.9 Kontrollmassnahmen

Eine Kontrolle der Arbeitszeit, bzw. der Zeiterfassung, soll die korrekte Anwendung des Arbeitszeitmodells sicherstellen und Missbräuche verhindern. Festzulegen ist das Kontrollverfahren und die für die Durchführung zuständige Stelle, wie zBsp:

- Stichprobenweise Anwesenheitskontrollen durch die Vorgesetzten

- Kontrolle bei auffälligen Sachverhalten durch die Vorgesetzten

- Stichprobenweise oder regelmässige Einsichtnahme/Prüfung der Zeitnachweise durch die Personalabteilung

Wie Erfahrungen aus der Gleitzeit-Praxis gezeigt haben, wird die Kontrolle wesentlich erschwert, wenn den Mitarbeitern eines Bereichs die Möglichkeit gegeben wird, individuell die feste, gestaffelte oder flexible Arbeitszeit zu wählen und dadurch auch Unterschiede bei der Zeiterfassung entstehen. Die Anwendung eines Modells flexibler Arbeitszeiten hindert keinen Mitarbeiter daran, seine Arbeit regelmässig zu bestimmten Zeiten zu beginnen oder zu beenden, was sogar die Regel darstellt. Weitere Arbeitszeitregelungen sind somit überflüssig und führen lediglich zu einer ungleichen Behandlung der Mitarbeiter. Im Weiteren können Regelungen vorgesehen werden, die die Konsequenzen bei Missbrauch des Arbeitszeitmodells festlegen.

1.10 Modellspezifische Parameter

Je nach Modell können noch weitere Bestimmungen zu dessen vollständiger Definition aufgeführt werden, wie zBsp:

- Job sharing: Die gegenseitige Stellvertretungspflicht kann unterschiedlich definiert werden, wobei das Spektrum der Möglichkeiten wie folgt aufgezeigt werden kann:

  a) Keine Stellvertretungspflicht
  b) Stellvertretungspflicht nur für kurze Ausfälle des Partners
  c) Vollumfängliche Stellvertretungspflicht

  Eine vollumfängliche Stellvertretungspflicht dürfte in der Schweiz kaum angestrebt werden, da sie einerseits für die Freizeitgestaltung der Arbeitnehmer eine sehr einschränkende Bestimmung darstellt. Da andererseits aber der Arbeitgeber das Risiko der Lohnfortzahlung für beide Arbeitnehmer trägt, kann eine gewisse Stellvertretungspflicht angebracht sein.

- Verschiedene Rentenregelungen beim gleitenden Uebergang in den Ruhestand

- Gestaltung der Arbeitsübergabe und der Kontaktmöglichkeiten bei Mitarbeitern mit reduzierter Arbeitszeit

Wie schon aus der Anzahl der Parameter und deren Ausprägungen ersichtlich wird, existieren sehr viele Möglichkeiten zur Gestaltung eines Modells. Auch können zum Teil mehrere Ausprägungen eines Parameters miteinander in einem Modell kombiniert werden (zBsp: kurz- und langfristige chronometrische Flexibilität). Stehen die betrieblichen Ziele einer Flexibilisierung der personellen Kapazität oder einer Verlängerung der täglichen Nutzungszeit kapitalintensiver Anlagen im Vordergrund, so kann auch die Kombination verschiedener Modelle zur Zielerreichung in Betracht gezogen werden.

Im Sinne einer Checkliste sind die Parameter mit ihren möglichen Ausprägungen in der Abbildung 2.2 auf der folgenden Seite zusammengefasst.

PARAMETER	MOEGLICHE AUSPRAEGUNGEN
1) chronometrische Flexibilität: a) Flexibilitätsspanne b) Bezugsperiode c) Stufengrösse d) Ausgleichsperiode	 gemäss Untersuchungen Tag, Woche, ... Jahr keine Stufung, Stufengrösse X Woche, Monat, Quartal, ... Jahr
2) chronologische Flexibilität: a) Flexibilitätsspanne b) Bezugsperiode c) Stufung	 gemäss Untersuchungen Tag, Wochen, ... Jahr keine Stufung, Stufengrösse Y Als spezielle Formen mit der Bezugsgrösse "Jahr" sind Ferienregelungen zu beachten.
3) Ankündigungsfrist	keine, Tag, Woche, ... Jahr
4) Wirkungsdauer	Woche, Monat, ... Jahr, unbestimmt
5) Anpassungsmodus	Weisung durch Arbeitgeber, gemeinsame Absprache, freie Nutzung der Flexibilitätsspanne durch Arbeitnehmer, Ausnahmeregelungen
6) Gehaltsregelung a) Zusammenhang Zeit-Gehalt b) Verteilung	 linear, degressiv, progressiv, bereichsweise verschieden, Flex.-Zulagen gleichmässig mit Ausgleich, entsprechend Leistung pro Monat
7) Zeiterfassung a) Methode der Zeiterfassung b) Erfassungszeitpunkte c) Spezielle Regelungen	 keine, Selbstaufschreibung, Zeitdrucker, Zeitsummenzähler, Ausweislesersysteme Beginn, Ende, Pausen, Mittag, Abwesenheiten, Ausnahmeregelungen Abwesenheiten, Ueberzeit, Unterzeit, Ausnahmeregelungen
8) Geltungsbereich	Geltungsbereich pro Modellvariante
9) Kontrollmassnahmen a) Methode b) Zuständigkeit c) Missbrauchsregelung	 keine, Anwesenheitskontrolle, Kontrolle der Zeitnachweise Vorgesetzter, Personalbereich, ... keine, vorhanden
10) Spezielle Parameter a) Modellspezifische b) Betriebsspezifische	 zBsp: Stellvertretungspflicht beim job sharing, Rentenregelungen beim gleitenden Uebergang in den Ruhestand zBsp: Regelung der Kontaktmöglichkeiten, der Informations- bzw. Arbeitsübergabe; Kombination verschiedener Modellvarianten

Abb. 2.2: Checkliste der Modellparameter

2. Vorgehen zur Modellgestaltung

2.1 Vorgehensmodell des Systems-Engineering [Daenzer]

Zur Gestaltung des Gesamtprojektes wird auf das Modell des System-Engineering zurückgegriffen. Systems-Engineering (SE) ist eine auf verschiedenen Denkmodellen und Vorgehens-Prinzipien beruhende Wegleitung zur zielgerichteten Problemlösung. Neben dem SE als methodische Komponente der Problemlösung sind auch das benötigte Fachwissen, die Situationskenntnis, usw. von Bedeutung.

Die Bestandteile des SE können wie folgt beschrieben werden:

. Als geistiger Ueberbau dient das **Systemdenken** und ein generelles Vorgehensmodell.

. Im Zentrum steht der Problemlösungsprozess, der folgende Komponenten enthält:
  - Die **Systemgestaltung** als eigentliche konstruktive Arbeit an der neuen Lösung.
  - Das **Projektmanagement** hat die Fragen der Organisation und Koordination des Problemlösungsprozesses zu bewältigen.

. Die Systemgestaltung wie auch das Projektmanagement stützen sich auf bewährte Techniken, Hilfsmittel und Verfahren ab.

Das **Vorgehensmodell** kann durch drei Grundsätze umschrieben werden:

1) Es ist zweckmässig, vom Groben zum Detail vorzugehen.

2) Der Prozess der Systemgestaltung und -realisierung ist nach zeitlichen Gesichtspunkten zu gliedern (Lebensphasenmodell).

3) Als Leitfaden zur Problemlösung, gleichgültig welcher Art sie sind und in welcher Lebensphase sie auftreten, ist es zweckmässig, den Problemlösungszyklus anzuwenden.

1) Vom Groben zum Detail:

Damit soll ausgedrückt werden, dass es im allgemeinen sinnvoll ist, zuerst generelle Ziele für das Gesamtsystem und einen generellen Lösungsrahmen festzulegen, bevor der Detaillierungs- und Konkretisierungsgrad erhöht wird.
Dieser Grundsatz enthält zwei Prinzipien:

. Das Hierarchisierungsprinzip: Das Betrachtungsfeld soll schrittweise eingeengt werden. Der Zweck dieses Prinzips besteht darin, die Integration der Systemelemente in das Gesamtsystem und dessen Integration wiederum in die Umwelt sicherzustellen.

. Das Variantenprinzip: Durch eine stufenweise Variantenbildung und -ausscheidung soll die Erarbeitung der besten Lösung mit möglichst kleinem Aufwand angestrebt werden. Dies geschieht dadurch, dass durch die Variantenbildung einerseits ein möglichst guter Ueberblick über mögliche Lösungen erarbeitet wird, andererseits der Aufwand durch stufenweise Selektion klein gehalten wird.

Die genannten Prinzipien sind bei der Gestaltung des Vorgehensmodells zu berücksichtigen. Besondere Bedeutung erhalten sie bei der Beachtung der Verträglichkeit mit den Umsystembedingungen (zBsp: Randbedingungen der Gesetzgebung), die für die Realisierbarkeit entscheidend sein kann.

2) Lebensphasenmodell:

Die Unterscheidung verschiedener Lebensphasen eines Systems dient dazu, den Werdegang einer Lösung in überschaubare Teiletappen zu gliedern. Damit wird eine stufenweise Gestaltung des Planungs-, Entscheidungs- und Konkretisierungsprozesses ermöglicht.

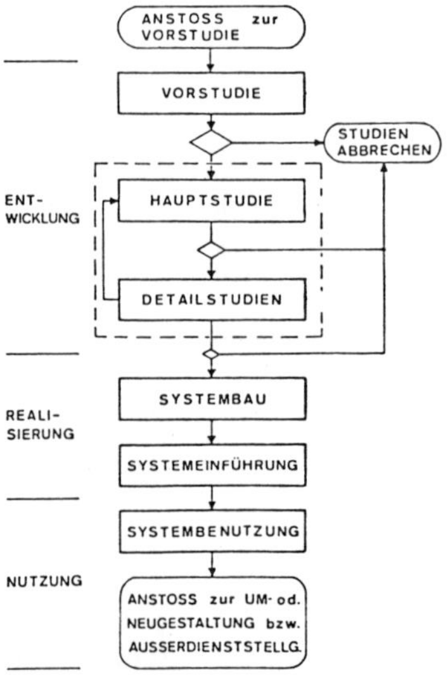

Abb. 2.3: Lebensphasen eines Systems

Aus dem Modell geht zunächst eine Dreiteilung in Entwicklungs-, Realisierungs- und Nutzungsphase hervor. Der Schwerpunkt der vorliegenden Studie liegt auf den ersten zwei Phasen. Der Nutzung, bzw. Weiterentwicklung eines Systems flexibler Arbeitszeiten ist aber auch die nötige Beachtung zu schenken, ist doch mit dem Wandel der Produktion ein stetiger Wandel der Randbedingungen für flexible Arbeitszeiten verbunden. Die einzelnen Phasen dienen folgenden Zwecken:

- Vorstudie:

Inhalt der Vorstudie ist die Abklärung, ob überhaupt eine Systemänderung durchgeführt werden soll, wo die Systemgrenzen liegen sollen, d.h. wie umfassend eine Systemum- oder -neugestaltung sein soll. Dazu sind grundsätzliche Lösungsprinzipien, wie auch die Beurteilungskriterien zur Auswahl des erfolgversprechendsten Prinzips zu erarbeiten. Das Ziel besteht darin, Grundlagen zu schaffen, die einen gut vorbereiteten Entscheid über die Durchführung des Projekts und allenfalls über das weitere Vorgehen ermöglichen. Wenig aussichtsreiche Projekte sollen nach der Vorstudie abgebrochen werden können.

- Hauptstudie:

Auf der Basis des gewählten Lösungsprinzips soll nun die Struktur des Gesamtsystems verfeinert werden. Es entstehen Gesamtkonzepte, die eine fundierte Beurteilung des geplanten Systems ermöglichen sollen. Darauf basierend sollen kritische Komponenten aufgezeigt und Teilprojekte mit ihren Prioritäten definiert werden.

- Detailstudie:

Das Betrachtungsfeld wird nun radikal eingeengt. Die Teilsysteme werden soweit konkretisiert, dass sie anschliessend möglichst reibungslos realisiert werden können.

- Realisierung:

In den Phasen Systembau und -einführung werden die Umsysteme vorbereitet und das System soweit fertiggestellt, dass das System im geplanten Sinn genutzt werden kann. Zur Realisierungsphase gehören zBsp. eine detaillierte Vorbereitung organisatorischer Massnahmen, eine Schulung und Instruktion der Benützer und die Installation maschineller Anlagen.

- Systemnutzung:

Aus der Sicht des Systems-Engineering ist in dieser Phase primär die Erfolgskontrolle von Bedeutung. Aber auch der gezielten Gewinnung von Erfahrungen zur Systemverbesserung oder Neugestaltung ähnlicher Systeme ist grosse Beachtung zu schenken.

3) Problemlösungszyklus:

Der Problemlösungszyklus ist ein Vorgehensleitfaden, der innerhalb jeder Lebensphase mehrfach zur Anwendung kommen kann. Schwerpunkt des Vorgehens ist die Folge "Zielsuche - Lösungssuche - Auswahl". Diese Folge ist weiter verfeinert worden:

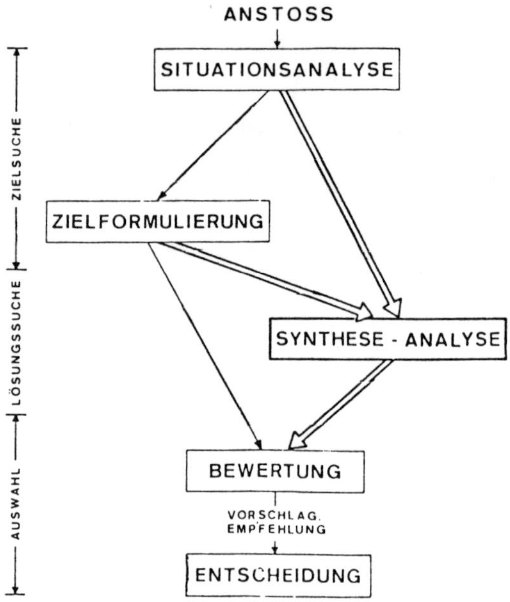

Abb. 2.4: Problemlösungszyklus

In der Praxis ist eine Problemlösung kaum in Form eines linearen Ablaufs realisierbar, da gedankliche Vorgriffe und Wiederholungszyklen notwendig und wünschenswert sind.

2.2 Vorgehen zur konkreten Gestaltung eines Modells flexibler Arbeitszeiten

Basierend auf dem dargestellten Vorgehensmodell des Systems-Engineering kann nun ein allgemein anwendbares Vorgehensmodell zur Gestaltung eines Systems flexibler Arbeitszeiten hergeleitet werden. Im folgendem sollen die Schrittfolge und die zu durchlaufenden Entscheidungsschwerpunkte aufgezeigt werden. Auf spezielle Aspekte der Systemgestaltung und -einführung, die noch einer detaillierteren Darstellung bedürfen, wird im nächsten Kapitel (III) eingegangen.

Die folgende Darstellung ergibt einen Ueberblick über die einzelnen Schritte, die bis zur Nutzung eines Systems flexibler Arbeitszeiten zu bearbeiten sind. Es ist zu beachten, dass ein lineares Vorgehen nur beschränkt möglich ist, und Zyklen zu durchlaufen sind, wenn sich ein bestimmter Schritt nicht in der gewünschten Form ausführen lässt.

VORSTUDIE
(Ist eine Flexibilisierung der Arbeitszeit das richtige Lösungsprinzip?)

. Situationsanalyse:
  . vorhandene Probleme, Ursachen
  . betriebliche Randbedingungen
  . ausserbetriebliche Randbedingungen

. Zielsetzung:
  . betriebliche Ziele

. Lösungssuche:
  . Systemgrenzen, Teilsysteme
  . Lösungsprinzipien

. Auswahl:
  . Herleitung und Gewichtung der Auswahlkriterien
  . Ist eine Flexibilisierung der Arbeitszeit ein unumgängliches, bzw. ein erfolgversprechendes Lösungsprinzip?

Lösungsprinzip: Flex. der Arbeitszeit

nein → anderes Lösungsprinzip weiterverfolgen / Studie abbrechen

ja ↓

HAUPTSTUDIE
(Gesamtkonzept: . wichtigste Modellparameter flex. Arbeitszeiten
. Massnahmenkonzepte zur Realisierung der Flex.)

. Situationsanalyse:
  . Abgrenzung der Teilsysteme
  . Systemanalyse:
    - praktisch realisierte AZ-Flex.
    - genutzte Arbeitszeit-Flexibilität
    - theoretisch mögliche AZ-Flex.
  . Voraussetzungen
  . Ursachen/Wirkungen
  . Umsystemanalyse

. Zielsetzung:
  . Ziele bezüglich individueller Arbeitszeit-Flexibilität und Flexibilität der personellen Kapazität:
    - chronom./chronol. Flex.
    - kurz-/mittel-/langfristige Flex.
  . Ziele der Bereiche
    - Produktivität
    - Humanisierung der Arbeit

. Lösungssuche:
  . Bildung von Konzeptvarianten mit den entsprechenden Massnahmen:
    . Massnahmen zur Erfüllung der Voraussetzungen flexibler Arbeitszeiten
    . Massnahmen zur Erhöhung der theoretisch möglichen Flexibilität
    . Massnahmen betreffend Nutzung der Flexibilität
    . Massnahmen zur Realisierung der Flexibilität
  . Pilotprojekt

. Auswahl:
  . Ermittlung der Kriterien
  . Gesamtbeurteilung
  . Entscheid

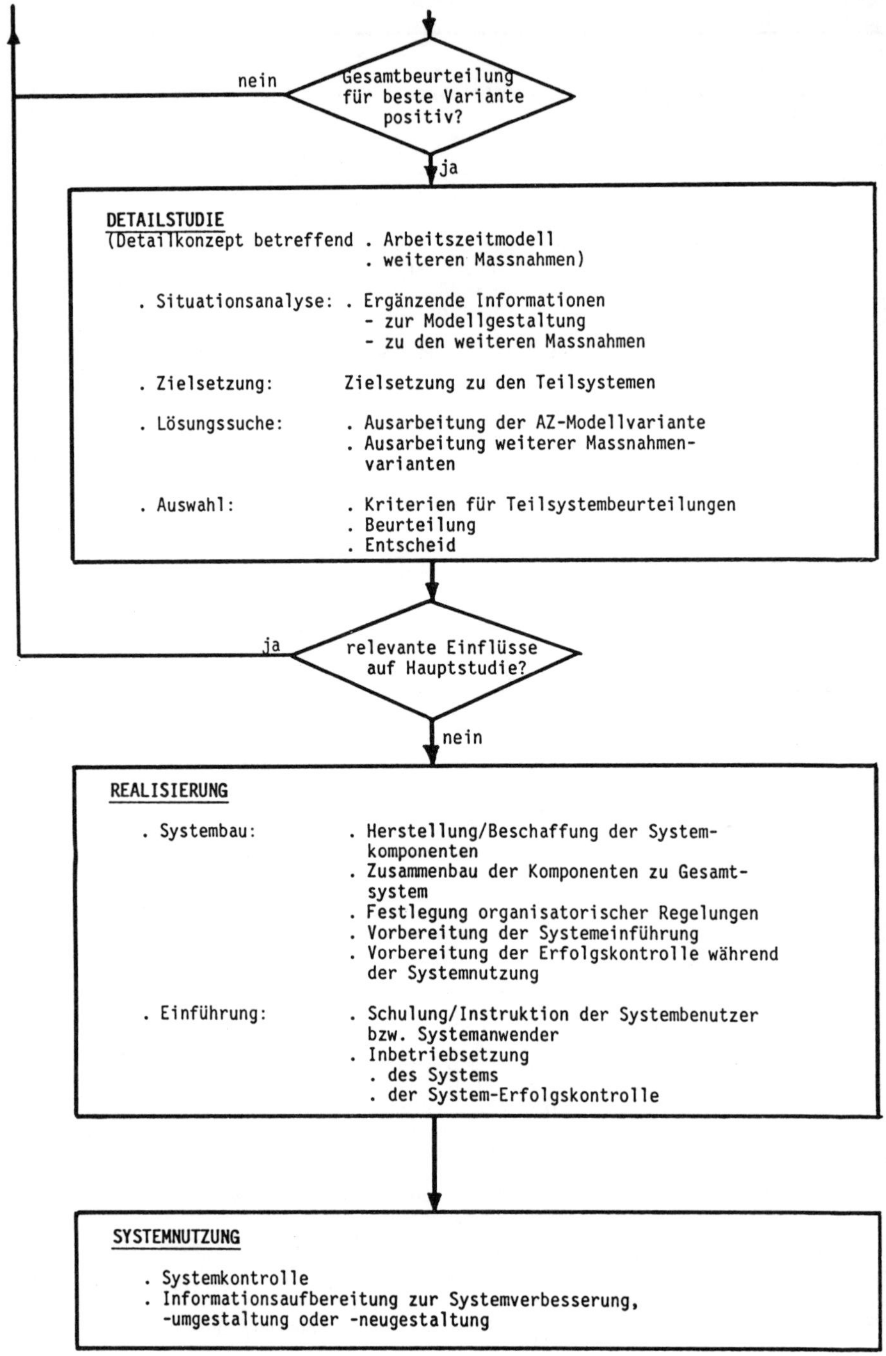

Abb. 2.5: Vorgehensgrundmodell

1) Vorstudie:

- Situationsanalyse:

Anlass zur Beurteilung flexibler Arbeitszeiten gibt praktisch immer eine als problematisch empfundene betriebliche Situation bezüglich der Flexibilität der personellen Kapazität und der damit zusammenhängenden Personal- und Anlagenkosten oder einer zu kurzen Betriebszeit für die Amortisation kapitalintensiver Anlagen. Bis jetzt eher selten, in Zukunft aber wahrscheinlich häufiger werden auch Wünsche der Arbeitnehmer nach einer grösseren Zeitsouveränität Anstösse zu entsprechenden Untersuchungen geben. Auf jeden Fall sind die in einer speziellen Situation vorliegenden Probleme aufzuzeigen und auf ihre wichtigsten Ursachen hin zu untersuchen, damit die Lösungsansätze gezielt erarbeitet werden können.

Vor einer Suche nach Lösungsprinzipien sind die inner- und ausserbetrieblichen Randbedingungen zu untersuchen:

. Als innerbetriebliche Randbedingungen sollen vorerst nur Gegebenheiten aufgeführt werden, deren Nichtbeachtung eine akute Gefährdung des Betriebes oder des Projektes zur Folge hätte (zBsp: minimale Projektrendite, Beibehaltung der Produktstruktur). Damit soll erreicht werden, dass der Lösungsspielraum nicht schon zu Beginn zu stark eingeschränkt wird und damit echte Neuerungen gar nicht erst in Betracht gezogen werden können.

. Als ausserbetriebliche Randbedingungen sind primär rechtliche Aspekte aber auch Gegebenheiten des Arbeitsmarktes, des Absatzmarktes, usw. zu berücksichtigen. Entsprechend ihrer Bedeutung wird darauf in der **Vertiefung 6** detaillierter eingegangen.

- Zielsetzung:

Bezogen auf die Problemursachen und unter Berücksichtigung verbindlicher Betriebsziele sollen die generellen Projektziele formuliert werden. Diese beziehen sich einerseits auf die **Produktivität**, also auf die Teilziele

. Wirtschaftlichkeit
. Flexibilität betrieblicher Strukturen und
. Innovationsfähigkeit

und andererseits auf den Zielbereich einer **Humanisierung** der Arbeit.

- Lösungssuche:

Basierend auf den Resultaten der Zielsuche sind Lösungsprinzipien zu erarbeiten. Diese sollen grundsätzliche Lösungsmöglichkeiten beinhalten (zBsp: Einführung flexibler Arbeitszeiten, Straffung des Produktionssortimentes, Verkürzung der Durchlaufzeiten). Parallel dazu und den verschiedenen Lösungsprinzipien entsprechend, sind die Systeme, die dadurch tangiert werden, abzugrenzen und zu bezeichnen. Die Lösungsideen sind soweit zu konkretisieren und zu dokumentieren, dass sie beurteilt werden können (Charakterisierung als Ganzes, Spezifikation wichtiger Komponenten).

- Auswahl:

Aus den Zielen sind Beurteilungskriterien herzuleiten und entsprechend ihrer Bedeutung zu gewichten. Die Beurteilung kann mittels einer einfachen Nutzwertanalyse (siehe zBsp. **Vertiefung 5**) durchgeführt werden und soll die Frage nach dem geeignetsten Lösungsprinzip beantworten. Beinhaltet das Lösungsprinzip eine Flexibilisierung der Arbeitszeit, so ist mit der Hauptstudie fortzufahren, falls keine spezifischen Gründe für einen Abbruch des Projektes vorliegen.

- Bemerkung:

Steht schon zu Beginn fest, dass die Voraussetzungen und voraussichtlichen Wirkungen einer Einführung flexibler Arbeitszeiten zu erarbeiten sind, so kann die Vorstudie, insbesondere was die Erarbeitung verschiedener Lösungsprinzipien anbelangt, wesentlich vereinfacht werden.

2) Hauptstudie:

Die Abbildung 2.6 soll im groben Raster die komplexen Zusammenhänge einer Hauptstudie wiederspiegeln. Die einzelnen Aspekte werden anschliessend detailliert beschrieben. Wo nähere Erläuterungen notwendig erscheinen, wird auf den Vertiefungsteil verwiesen. Abschliessend findet sich die Abbildung 2.11, welche die Zusammenhänge im Feinraster darstellt.

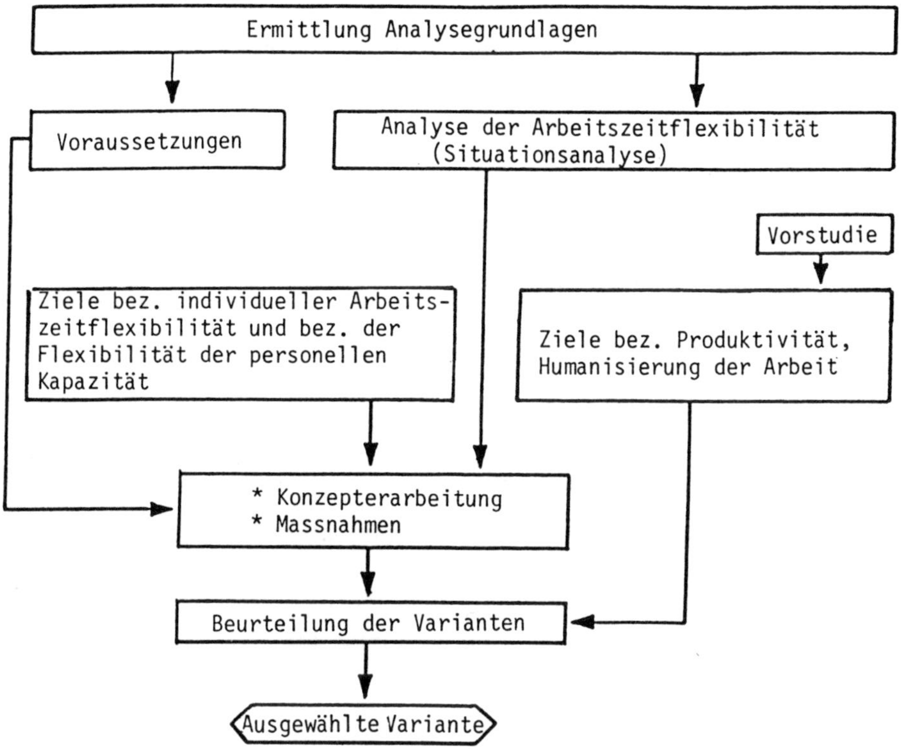

Abb. 2.6: Grobraster der Hauptstudie

- Situationsanalyse:

Das in der Vorstudie abgegrenzte Arbeitssystem (zBsp: Produktion oder Teilbereich der Produktion) ist nun bezüglich der

. **praktisch realisierten Arbeitszeitflexibilität** (bestehendes Arbeitszeitmodell, zBsp: Gleitzeit und damit gemachte Erfahrungen), der

. **genutzten Arbeitszeitflexibilität** (im Rahmen der realisierten Flexibilität: Nutzung der Flexibilität in Abhängigkeit betrieblicher und persönlicher Gegebenheiten mit ihren Ursachen und Wirkungen) und der

. **theoretisch möglichen Arbeitszeitflexibilität** bei unverändertem Arbeitssystem mit entsprechenden Ursachen und Wirkungen (durch das gegebene Arbeitssystem bedingte, mögliche Arbeitszeitflexibilität)

zu untersuchen.

Als theoretisch mögliche Arbeitszeitflexibilität wird die maximale Flexibilität bezeichnet, die in einem Arbeitssystem realisiert werden könnte, ohne das System selbst zu verändern. Die Beurteilung erfolgt mit Hilfe der sog. direkten **Bestimmungsfaktoren** und deren Wirkungen (siehe unten). Es wird eine systembezogene und technische Betrachtung angestellt, ohne Berücksichtigung nichttechnischer Aspekte (zBsp: Wirtschaftlichkeit) und umsystembezogener Aspekte (zBsp: rechtliche Randbedingungen).

Diese theoretisch mögliche Flexibilität eines Arbeitssystems kann, sofern vorhanden, durch verschiedenste Faktoren eingeschränkt werden (zBsp: rechtliche, wirtschaftliche, soziale Faktoren). Daraus ergibt sich die praktisch mögliche Flexibilität.

Die Nutzung dieses eingeschränkten Potentials hängt dann wiederum von der momentanen Situation, der Erkenntnis der Möglichkeit, bzw. Notwendigkeit und dem Willen zur Nutzung der Flexibilität ab.

Sowohl die theoretisch mögliche wie auch die praktische und genutzte Arbeitszeitflexibilität lassen sich konkret in Zahlen ausdrücken, was ihre Erfassungsmöglichkeit wesentlich erleichtert. Genaueres dazu siehe **Vertiefung 7.**

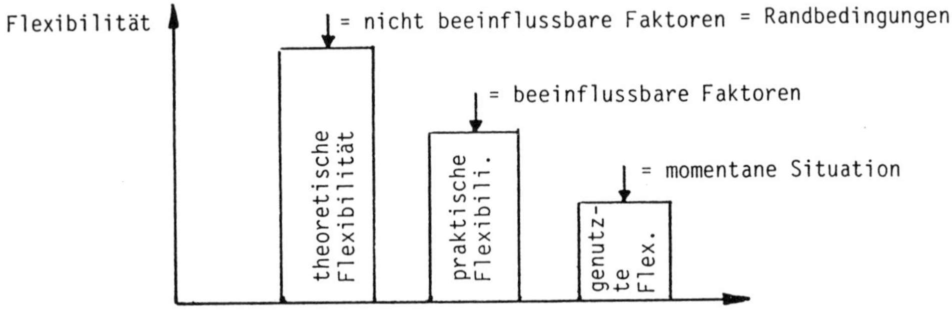

Abb. 2.7: Einflüsse auf das Ausmass der genutzten Flexibilität

Die **Bestimmungsfaktoren** der Flexibilität können in direkt und indirekt wirksame Faktoren unterschieden werden. **Direkt** auf die Flexibilität sich auswirkende Faktoren sind generell charakterisierbare Eigenschaften eines Arbeitssystems, die unabhängig von weiteren Gegebenheiten die Arbeitszeitflexibilität direkt bestimmen (zBsp: Unterbrechbarkeit eines Arbeitsablaufes). Die Wirkungen der **indirekten** Faktoren (zBsp: Fertigungstyp) sind alle über die Wirkung der direkten Faktoren erfassbar. Der Zweck dieser Einteilung liegt darin, dass sich die Diskussion auf wenige, direkt wirksame Faktoren beschränken kann. Wie sie sich in der Praxis auswirken, ist situationsspezifisch festzustellen, da eine Herleitung in allgemein gültiger Form nicht mit brauchbarer Genauigkeit durchführbar ist.

Die Auswahl der für einen Betrieb geeigneten Massnahmen zur Erhöhung der Flexibilität wird einerseits durch die aktuelle **Ausprägung** der Bestimmungsfaktoren und andererseits durch die Grenzziehung zwischen beeinflussbaren Faktoren und Randbedingungen bestimmt. (Für eine genaue Charakterisierung der direkten Bestimmungsfaktoren siehe **Vertiefung 1**)

Bestimmungsfaktoren	mögliche Ausprägungen A	B	C
F1: Anfang und Ende	fixiert	Anf.od.End.fix	offen
F2: Puffer	vernachlässigb	mittel	gross
F3: Dauer	klein	mittel	gross
F4: Unterbrechbarkeit	nicht u.	bedingt u.	beliebig u.
F5: Betriebszeit	gleich AZ	grösser AZ	-
F6: Charakt. Arb.abl.	wechselnd	konstant	-
F7: Präsenzzeitbeding.	nicht vorhand.	teilweise vorh	umfassend
F8: Stellvertretung	möglich	teilweise mögl	unmöglich
F9: Anzahl Aufgabentr.	Gruppenarbeit	teilweise GrA	Einzelarbeit

Abb. 2.8: Die Bestimmungsfaktoren der Arbeitszeitflexibilität

Es sind folgende unbedingte gegenseitige Abhängigkeiten festzustellen:

- Sind Anfang und/oder Ende eines Arbeitsablaufes fixiert und ist dieser nicht unterbrechbar, so ist kein Puffer möglich. So ist beispielsweise in der Ausprägung "A" Anfang bzw. Ende eines Arbeitsprozesses fixiert. Somit ist die zeitliche Pufferungsmöglichkeit so eingeschränkt, dass sie vernachlässigbar klein wird.
  Umgekehrt muss der Puffer gross werden, wenn Anfang und/oder Ende offen sind.

- Liegt ein nicht unterbrechbarer Arbeitsablauf mit grosser Dauer vor, so ist kein Puffer möglich.

Für die Erarbeitung von Massnahmen zur Realisierung einer gewünschten, bzw. optimalen Flexibilität ist das Arbeitssystem in Teilsysteme mit gleichen oder ähnlichen Ausprägungen der Bestimmungsfaktoren zu unterteilen. Zur Erfassung der Abhängigkeiten einzelner Teilsysteme sind die Wechselbeziehungen zwischen den Teilsystemen zu analysieren.

Eine Analyse der relevanten Umsysteme soll zu den ausserbetrieblichen Randbedingungen weitere Informationen über bedeutende Einflüsse relevanter Umsysteme auf das betrachtete System ergeben (zBsp: Betrachtetes Arbeitssystem ist die Teilefertigung. Relevante Umsysteme mit entsprechenden Einflüssen könnten die Montage, die Produktionsplanung und -steuerung und darin enthalten vor allem die Terminplanung sein).

- Zielsetzung:

Einerseits sind die generellen Projektziele weiter zu spezifizieren, d.h. sie sind zu detaillieren und möglichst operational abzufassen, so dass eine Zielerreichung bestmöglichst feststellbar ist. Diese Ziele bestehen wie erwähnt aus den Zielbereichen Produktivität und Humanisierung der Arbeit. Andererseits ist ein erster Zielansatz bezüglich den beiden wichtigsten Modellparametern zu formulieren. Diese sind die chronologische und chronometrische Flexibilität, die ein Modell flexibler Arbeitszeiten enthalten soll. Zu dessen Herleitung sind die folgenden Punkte zu berücksichtigen:

. Vorstellungen der Arbeitnehmer bezüglich der gewünschten Arbeitszeitflexibilität (basierend auf Freizeitwünschen, familiären Verhältnissen, usw.). Eine konkrete Erfassungsmöglichkeit befindet sich als Beispiel im separaten Teil.

. Aus den Auslastungsschwankungen der personellen Kapazität des betrachteten Arbeitssystems und unter Berücksichtigung dessen Bestimmungsfaktoren (zBsp: Absatzmarkt, Lagerfähigkeit des Produktes) kann die gewünschte Flexibilität der personellen Kapazität hergeleitet werden. Daraus kann wiederum auf die gewünschte individuelle Arbeitszeitflexibilität geschlossen werden. (Relevanter Einflussfaktor: Bereitschaft, die individuelle Flexibilität den betrieblichen Gegebenheiten anzupassen.)

Es ist festzuhalten, dass diese Zielvorstellungen bezüglich der individuellen Arbeitszeitflexibilität vorläufigen Charakter haben, wird doch erst im Verlauf des weiteren Vorgehens der situationsspezifisch optimale Flexibilitätsgrad hergeleitet. Dementsprechend werden diese Zielkategorien für das weitere Vorgehen anders verwendet. Während die Ziele bezüglich der persönlichen Arbeitszeitflexibilität primär als Basis für die Variantenbildung benötigt werden, sind die Zielbereiche "Produktivität" und "Humanisierung der Arbeit" für die Beurteilung der Varianten zu verwenden.

- Lösungssuche:

Es sind Arbeitszeit-Modellvarianten mit den wichtigsten Modellparametern zu bilden. Dabei wird primär eine Variation der kurz-, mittel- und langfristigen, chronometrischen und chronologischen Flexibilität von Bedeutung sein. zBsp:

. Realisierung der theoretisch möglichen Flexibilität des Ist-Zustandes;

. Realisierung einer Arbeitszeitflexibilität entsprechend den Zielvorstellungen der Arbeitnehmer oder bezüglich der personellen Kapazität.

Für jede Modellvariante sind entsprechend den Resultaten der Situationsanalyse für das zu untersuchende Arbeitssystem Massnahmen zu erarbeiten:

. Massnahmen, die zur Erfüllung der **Voraussetzungen** einer entsprechenden Flexibilisierung der Arbeitszeit beitragen, falls diese noch nicht gegeben sind:
  - Entkopplung von Betriebszeit und Arbeitszeit
  - ausgereiftes Personalinformationssystem (PIS)
  - Anpassung des Führungsverhaltens

  Nähere Angaben zu den erwähnten Voraussetzungen können der **Vertiefung 2** entnommen werden.

. Massnahmen zur Erhöhung der theoretisch möglichen Flexibilität: Eine Zusammenstellung der **Massnahmen** und deren **Wirkungen** bezüglich der Bestimmungsfaktoren der theoretisch möglichen Flexibilität finden sich in der **Vertiefung 3**.

. Massnahmen zur Beeinflussung der **Nutzung** der Flexibilität entsprechend den betrieblichen Gegebenheiten und

. Massnahmen zur **Realisierung** einer erhöhten Flexibilität.

- Auswahl:

Die Beurteilung erfolgt aufgrund der aus der Zielsetzung hergeleiteten und gewichteten Kriterien. Die meisten betriebsspezifischen Wirkungen, insbesondere diejenigen kurzfristiger Art, lassen sich auf monetär erfassbare Indikatoren zurückführen. Diese beziehen sich auf die Wirtschaftlichkeit und können mit den Methoden der Investitionsrechnung (siehe **Vertiefung 4**) in wenige, dafür aussagekräftige Produktivitätsindikatoren zusammengefasst werden. Eine unmögliche Erfassung quantitativer Wirkungszusammenhänge besteht bei folgenden **langfristigen** Wirkungen:

. Flexibilität betrieblicher Strukturen
. Betriebliche Innovationsfähigkeit (Kreativität, technologisches Potential)

Da diese Indikatoren für die Produktivität zukünftiger Perioden von entscheidender Bedeutung sind, sind sie in der Wirkungsbeurteilung unbedingt zu berücksichtigen. Die Bedeutung dieser beiden qualitativen Indikatoren wird auch durch Untersuchungen unterstrichen, welche die betrieblichen Effizienzkriterien in Funktion der Zeit und der Hierarchieebenen hergeleitet haben [Stähle/Grabatin]:

ZEIT	kurz-fristig	mittel-fristig	lang-fristig →
EFFIZIENZ-KRITERIEN	Produktivität, Zufriedenheit	Flexibilität, Entwicklungs-fähigkeit	Ueberleben
PLANUNGS-AKTIVITAET	operative Planung	taktische Planung	strategische Planung
FUEHRUNGS-EBENE	untere	mittlere	obere

Abb. 2.9: Betriebliche Effizienzkriterien

Eine Anleitung zur Erarbeitung der Beurteilungsgrundlagen und zur Durchführung der Gesamtbeurteilung der verschiedenen Varianten findet sich in den **Vertiefungen 4 und 5**. Das Resultat der Beurteilung ist eine Aussage über den Nutzen verschiedener Varianten mit je unterschiedlichem Flexibilitätsgehalt, wie sie zBsp. durch die Abbildung 2.10 zusammengefasst werden kann. Unter Berücksichtigung der Ergebnisse der Sensitivitätsanalyse (ebenfalls in der **Vertiefung 4**) ist zu entscheiden, welcher Flexibilitätsgrad mit welchen Massnahmen weiterzuverfolgen ist.

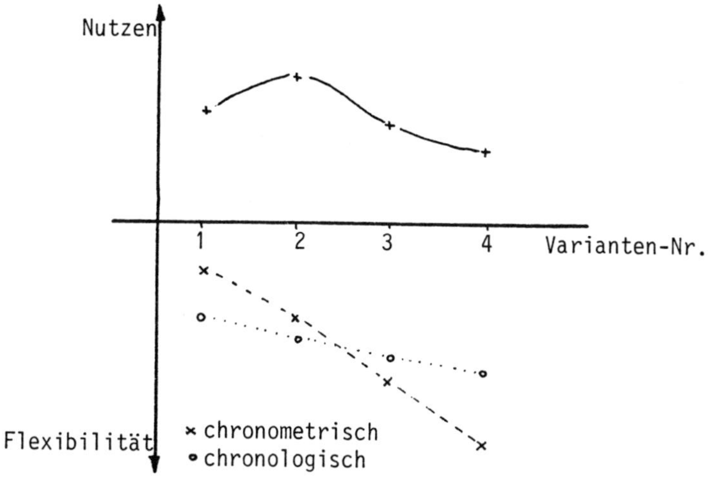

Abb. 2.10: Nutzen verschiedener Flexibilitätsgrade

- Bemerkungen:

Allenfalls kann in einem Systemteil ein Pilotprojekt vorgesehen werden, um erste Erfahrungen zu gewinnen, bevor für das gesamte betrachtete System eine Detaillösung erarbeitet wird.

Ausser bei einfachen, überschaubaren Betriebsverhältnissen, oder wenn Erfahrungen anderer Betriebe mit ähnlichen relevanten Bestimmungsfaktoren vorliegen, ist die Durchführung eines Pilotprojektes zu empfehlen. Ein Testlauf gibt Aufschlüsse über nicht vorhergesehene Probleme und betriebsindividuelle Eigenarten. Voraussetzung ist eine sorgfältige Durchführung und Auswertung des Pilotprojektes, so dass wertvolle Hinweise und Verbesserungsvorschläge für die weiteren Vorgehensschritte gewonnen werden können.

- Zusammenfassende Darstellung:

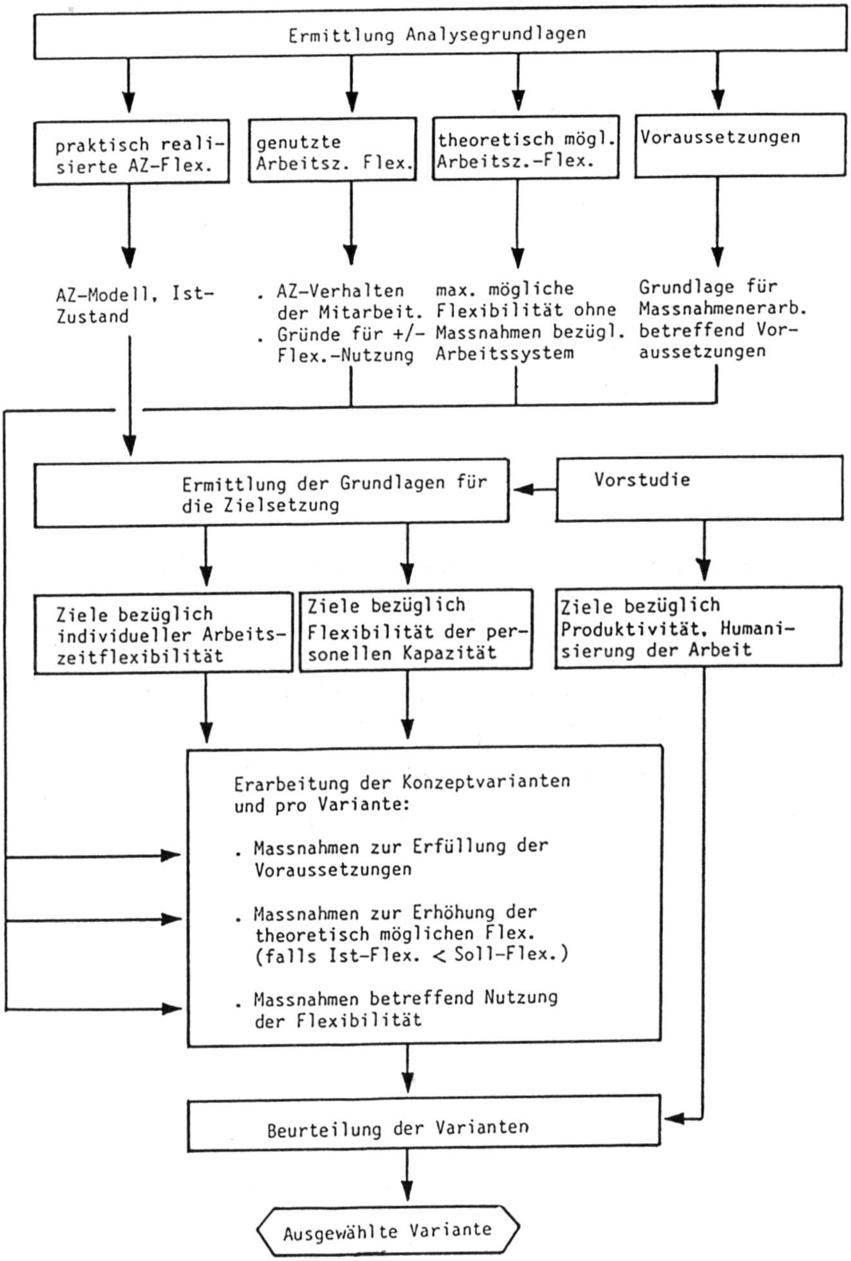

Abb 2.11: Feinraster der Hauptstudie

3) **Detailstudie:**

- Situationsanalyse:

Für die Gestaltung der Arbeitszeit-Modellvarianten sind ergänzende Informationen zu beschaffen (Informationen zu einzelnen Modellparametern siehe Kapitel II, 1).

Pro Teilsystem sind nötige Informationen als Basis für die Massnahmen-Gestaltung zu gewinnen.

- Zielsetzung:

Für die einzelnen Teilsysteme sind spezifische Ziele in Ergänzung zur Gesamtzielsetzung der Hauptstudie zu erarbeiten. Dies werden hauptsächlich Funktions- und personelle Ziele sein.

- Lösungssuche:

Einerseits sind Arbeitszeitmodellvarianten auszuarbeiten, deren Flexibilitätsgehalt aber vorgegeben ist, d.h. es sind Varianten bezüglich der übrigen Modellparameter zu bilden. Andererseits sind nun die detaillierten Massnahmenkonzepte zur Realisierung der optimalen Flexibilität in den einzelnen Teilsystemen zu schaffen.

- Auswahl:

Aus der ergänzten Zielsetzung pro Teilsystem sind die Kriterien zur Beurteilung der Detail-Varianten herzuleiten. Die Beurteilung selber erfolgt sinnvollerweise mit der Nutzwertanalyse und liefert die Grundlage für den Entscheid zugunsten der zu realisierenden Massnahmen.

- Bemerkung:

Zwecks einer möglichst einheitlichen Gestaltung des Arbeitszeitmodells für alle betrachteten Arbeitssysteme sind eventuell Anpassungen in Abweichung der optimalen Lösung pro Teilbereich vorzunehmen. Speziell zu achten ist auf diejenigen Teilbereiche, bei denen eine von der Mehrheit abweichende Lösung unumgänglich ist (zBsp: Bereitschaftsdienste).

4) **Realisierung:**

Die verschiedenen Massnahmen sind soweit zu konkretisieren, dass sie zur Nutzung umgesetzt werden können. Die Systemkomponenten sind herzustellen, bzw. zu beschaffen (zBsp: Kauf von Zeiterfassungsgeräten) und zu einem Gesamtsystem zusammenzubauen. Organisatorische Regelungen sind festzulegen. Spezielles Gewicht kommt auch der Vorbereitung der Systemeinführung und der Erfolgskontrolle während der Nutzung zu.

Da durch die Realisierung flexibler Arbeitszeiten grundlegende betriebliche Verhaltensweisen betroffen sind, werden die Aspekte der Einführung im Kapitel III eingehender behandelt.

5) Systemnutzung:

Um ein optimales Funktionieren des realisierten Systems zu gewährleisten, ist eine Systemkontrolle durchzuführen, aus der Informationen über die effektive Zielerreichung herzuleiten sind. Im weiteren können daraus auch Anstösse zur Verbesserung, Um- oder Neugestaltung des vorliegenden oder eines ähnlichen Systems gewonnen werden.

2.3 Randbedingungen der Modellgestaltung

Die nicht beeinflussbaren Einflüsse auf die Modellgestaltung werden als Randbedingungen bezeichnet. Dabei kann zwischen betriebs**internen** und betriebs**externen** Randbedingungen unterschieden werden.

Die betriebsinternen Randbedingungen sind situations- und betriebsspezifisch in der Situationsanlyse zu erarbeiten. Die betriebsexternen Randbedingungen müssen aus einer Umweltanalyse gewonnen werden. Als erstes stellt sich die Frage nach den, für eine Flexibilisierung der Arbeitszeit relevanten, Umweltbereichen. Diese Bereiche sind anschliessend auf ihre Einflüsse hin zu untersuchen, wobei die nicht beeinflussbaren Bedingungen herauszukristallisieren sind.

Als Beispiel einer Checkliste kann die folgende Tabelle der Ermittlung relevanter Umweltaspekte dienen:

UMWELTBEREICH	TEILBEREICHE/ASPEKTE
Recht	. Gesetze . Verordnungen . Gesamtarbeitsverträge . Einzelarbeitsverträge ...
Politik	. Stellungnahme, Entwicklungstendenzen der Sozialpartner zu Fragen der Arbeitszeit . Parteipolitische Stellungnahmen . Wirtschaftspolitische Entwicklungstendenzen ...
Wirtschaft	. Entwicklung des Arbeitsmarktes, der Beschäftigung . Entwicklung des Volkseinkommens . Entwicklung der Konjunktur . Beschaffungs- und Absatzmärkte des Betriebes ...
Technologie	. Entwicklung und Grenzen der Produktionstechnologie . Alternative Produktionstechnologien . Entwicklung der Produkttechnologie ...
Gesellschaft	. Arbeitsmentalität . Freizeitverhalten ...
Konkurrenz	. Wettbewerbsinstrumente . Distributionsstruktur . Stellung/Strategien der Konkurrenz ...
...	

Abb. 2.12: Umweltbereiche

Auf der Abbildung 2.13 sind die **rechtlichen** Aspekte im Sinne einer Rangordnung zusammengestellt. Eine detaillierte Beschreibung der rechtlichen Einflussfaktoren findet sich in der **Vertiefung 6.**

Absolut zwingendes Recht

zBsp: in Art. 361 Abs. 1 OR aufgezählte Artikel

Relativ zwingendes Recht

Rahmen, von dem zugunsten der Arbeitnehmer abgewichen werden darf, zBsp. Arbeits- und Ruhezeitvorschriften des Arbeitsgesetzes und die in Art. 362 Abs. 1 OR aufgezählten Artikel.

Gesamtarbeitsverträge

Normative Bestimmungen sind relativ zwingend, sofern nicht ausdrücklich festgehalten wird, dass sie absolut zwingend sind.

Einzelarbeitsverträge

Ergänzung zum GAV Abweichung von relativ zwingenden Normen zugunsten Arbeitnehmer möglich

Betriebsordnung

Regelt nur Gegenstände, die nicht durch andere kollektive Vereinbarungen geregelt sind

Direktionsrecht

Nur dort anwendbar, wo in allen vorgenannten Faktoren keine Regelung getroffen worden ist.

Abb. 2.13: Rangordnung der rechtlichen Einflussfaktoren

3. Projektmanagement

Ein umfangreiches und komplexes Projekt wie das Vorliegende zeichnet sich durch folgende Eigenschaften aus:

. zeitlich begrenztes Vorhaben mit gewisser Einmaligkeit
. Notwendigkeit der Bildung von Teilaufgaben
. Beteiligung verschiedenster betrieblicher Stellen
. erhöhtes Konfliktpotential in persönlicher, finanzieller und materieller Hinsicht

Um ein solches Vorhaben erfolgreich durchführen zu können, sind entsprechende organisatorische Vorkehrungen zu treffen. Damit ist der Problemkreis Projekt-Management angesprochen, "der als Ueberbegriff für alle planenden, überwachenden, koordinierenden und steuernden Massnahmen verstanden werden soll, die - über die Problemlösung im eigentlichen Sinn hinaus - bei der Um- oder Neugestaltung von Systemen erforderlich ist" [Daenzer].

Die Grundsatzfragen des Projekt-Managements können unter den folgenden Aspekten behandelt werden:

1) **funktionaler** Aspekt (Aufgaben des Projekt-Managements)

2) **institutionaler** Aspekt (Projekt-Organisation)

Die Frage der Mitwirkung der Mitarbeiter wird an anderer Stelle behandelt.

3.1 Funktionaler Aspekt

Die Aufgaben des Projekt-Managements bestehen in der Planung, Steuerung und Kontrolle des Projektes, aber auch in der Wahrnehmung der Informations- und Dokumentationsaufgaben und sollen im folgenden stichwortartig zusammengestellt werden:

- Projektplanung:

  . Ablaufplanung: Planung der Vorgehensschritte basierend auf dem Grundmodell, Erarbeitung der Vorgehenszielsetzung (Termine, Budget-, personelle-, politische Ziele)

  . Aufwandplanung: Personal, Zeit, Hilfsmittel, finanzielle Mittel (Budgetierung)

  . Planung der Projektsteuerung und -kontrolle

  . Planung des Projektinformations- und - dokumentationssystems

 (. Planung der Projektorganisation)

- Projektsteuerung und -kontrolle:

. Zweck: Durchsetzung der in der Projektplanung und Systemgestaltung getroffenen Entscheide

. Massnahmen:
  . Ueberwachung des Systemgestaltungsprozesses, Kontrolle der Zielerreichung
  . Erarbeitung und Durchführung von Plan- und Zielkorrekturen
  . Koordination der verschiedenen Vorgehensmodelle und Teilprojekte
  . Zuordnung der Aufgaben, Kompetenzen und Verantwortungen an die Mitarbeiter und deren Anleitung zur Wahrnehmung der Aufgaben

- Informations- und Dokumentationsaufgaben:

. Durchführung der Projektinformation entsprechend dem vorgesehenen Mitwirkungskonzept

. Dokumentation der Problemlösung zwecks Nachvollziehbarkeit und Kontrollierbarkeit des Projekts

. Durchführung der Berichterstattung zuhanden der Entscheidungsinstanzen

3.2 Institutionaler Aspekt

Der Gestaltung der Projektorganisation kommt eine grosse Bedeutung zu, hängt doch von einer zweckmässigen Definition der Instanzen und richtigen personellen Besetzung im wesentlichen das Gelingen des Projektes ab. Die Projektorganisation soll möglichst einfach sein, wird dabei aber wesentlich durch die bestehende Betriebsorganisation und die Projektgrösse beeinflusst. Dementsprechend sind auch die Unterstellungsverhältnisse, die Verantwortungs- und Kompetenzzuteilungen situationsspezifisch vorzunehmen. Die wichtigsten Elemente sollen dennoch im folgenden Grundmodell aufgezeigt werden:

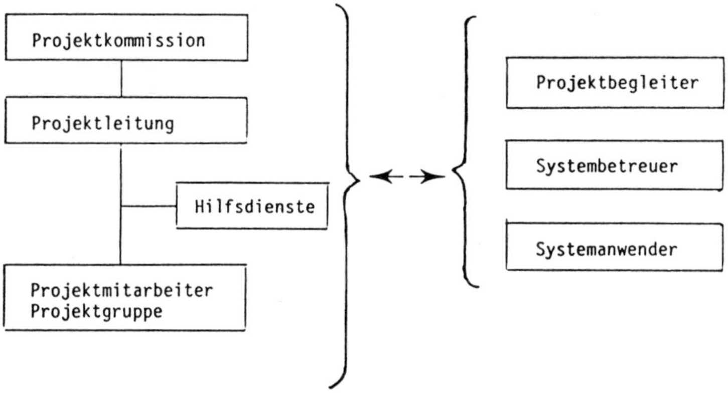

Abb. 2.14: Institutionaler Aspekt des Projekt-Managements

. Projektkommission:
Auftraggeber oder von ihm eingesetzte Instanz, Aufgaben der Projektsteuerung und -ueberwachung, primäre Entscheidungsinstanz

. Projektleitung:
Operative Projektführung; Diese wird in Betrieben mittlerer Grösse zweckmässigerweise durch den Personalchef wahrgenommen, da dieser voraussichtlich für die systemkonforme Anwendung des Arbeitszeit-Modells verantwortlich sein wird. Je nachdem, wie weit auch technische und organisatorische Belange der Produktion betroffen werden, ist es zweckmässig, die entsprechenden Verantwortlichen direkt oder durch Stellvertreter in die Projektleitung miteinzubeziehen.

. Hilfsdienste:
Hilfsarbeiten für Protokolle, Dokumentation, usw.

. Projektmitarbeiter, -gruppen:
Diese sind zuständig für die eigentliche Projektbearbeitung, zBsp: Durchführung der Analyse, Erarbeitung von Massnahmenvarianten, Durchführung der Beurteilungen. Die Arbeitsteilung zwischen Projektleitung und -mitarbeiter hängt stark vom Projektumfang und dieser wiederum von der Projektphase ab. Während die Vor- und Hauptstudie je nach Grösse des zu untersuchenden Arbeitssystems vom Projektleiter allein oder mit wenigen Mitarbeitern durchgeführt werden können, sind für die Detailstudien, je nach Anzahl der Teilsysteme und dem Umfang der zu gestaltenden Massnahmen, mehrere Projektgruppen nötig.

. Projektbegleiter:
Der Beizug eines oder mehrerer (externer) Berater ist sowohl in fachtechnischer als auch in gruppendynamischer Hinsicht meistens zweckmässig.

. Systembetreuer:

. Systembetreuer:
Als Verantwortliche für die Systemnutzung nach dessen Realisierung ist deren Einbezug in die Systemgestaltung entsprechendes Gewicht beizumessen (zBsp: durch entsprechende Berücksichtigung in der Projektleitung und Beizug von Mitarbeitern des Personal- bzw. Organisationsbereiches in die Projektmitarbeit).

. Systemanwender:
Als solche gelten alle Mitarbeiter der zu untersuchenden Arbeitssysteme. Die Mitwirkung der Systemanwender ist für die zweckmässige Systemnutzung von grosser Bedeutung, weshalb noch speziell darauf eingegangen wird (Kapitel III).

Für das Zusammenspiel der aufgezeigten oder eventuell weiterer Elemente und die Aenderung der Projektorganisation während dem Projektablauf sind auch noch weitere betriebsspezifische und personelle Eigenheiten bedeutsam.

Für weitere und detailliertere Hinweise zum Projekt-Management kann auf die umfassende Fachliteratur verwiesen werden.

III Einführung eines Modells flexibler Arbeitszeiten

1. Bedeutung und Vorgehen

Die Einführung flexibler Arbeitszeiten bedeutet für viele Betriebe eine Abkehr von einer langen Tradition und dementsprechend auch eine Abkehr von gewohnten und eingeübten Verhaltensweisen. Wie Untersuchungen in Deutschland zeigen, zieht sich der Prozess der Vorbereitung und Umsetzung flexibler Arbeitsformen meist über mehrere Jahre hin. "Auffallend ist, dass nicht nur die Belegschaftsvertretungen, sondern auch das Management tiefgreifende und breitenwirksame Veränderungen der Arbeitszeiten nur zögernd angehen" [Bielenski]. Der Grund hierfür ist darin zu sehen, dass den organisatorischen und technischen Gegebenheiten flexibler Arbeitszeiten zu wenig Beachtung geschenkt wird. Häufig führen erst erhebliche Schwierigkeiten in der Betriebsphase zur Einsicht, ein umfassendes und harmonisches Organisationskonzept zu gestalten.

In etlichen Fällen dürften auch Auswirkungen auf das Führungsverhalten zu erwarten sein. Leider fehlen oft in vielen Betrieben eigentliche Schulungskurse, um das mittlere und untere Kader auf die neuen Gegebenheiten der flexiblen Arbeitszeit vorzubereiten. Die Folge ist, "dass diese Führungskräfte entweder die flexible Arbeitszeitregelung 'unterlaufen', also die Möglichkeiten einer Ausweitung der Betriebszeit und eine Anpassung des Arbeitskräfteeinsatzes an schwankenden Arbeitsanfall nicht in vollem Umfang nutzen, oder aber dass sie die zeitlichen Gestaltungsspielräume einseitig zu Lasten der Beschäftigten handhaben", was den Betriebsfrieden und den Betriebsablauf stark beeinträchtigt [Bielenski]. Je tiefgreifender eine Systemänderung geplant ist, desto mehr Aufmerksamkeit ist auf eine sorgfältige Einführung der Aenderungen zu achten.

Das neue System soll zukunftsgerichtet und daher nicht zu stark von alten Problemen belastet sein. Um mögliche Konflikte bei der Einführung oder zu Beginn der Nutzungsphase zu vermeiden, sind Uebergangsschritte, bzw. eine schrittweise Einführung vorzusehen. Je umfangreicher und komplexer nun die Massnahmen zur Einführung einer flexiblen Arbeitszeit sind, desto eher ist ein stufenweises Vorgehen zu wählen. In jedem Fall ist von einem ausgearbeiteten Gesamtkonzept (Resultat der Hauptstudie) auszugehen, die detaillierte Ausgestaltung wird aber von den Erfahrungen während der stufenweisen Einführung abhängig gemacht. Die Sequenz "Detailstudie - Systembau - Systemeinführung" bezieht sich also auf bestimmte Teilsysteme und Massnahmen und nicht auf das Gesamtkonzept selbst.

Auf der folgenden Seite sind mehrere Alternativen der Systemeinführung in einer kleinen Uebersicht zusammengestellt.

ALTERNATIVE	ANWENDUNGSKRITERIEN
1) Einführung als Ganzes	. kleines System . kleine Unsicherheiten bei relevanten Einflussfaktoren . wenige, nicht komplexe Massnahmen
2) Pilotprojekt	. umfangreiches Gesamtsystem . grosse Unsicherheiten bei relevanten Einflussfaktoren, die durch ein Pilotprojekt verringert werden können
3) Stufenweise Einführung a) bezogen auf Massnahme (schrittweise Realisierung der Massnahmen) b) bezogen auf Flexibilität (schrittweise Erhöhung der Arbeitszeit-Flexibilität) c) bezogen auf Teilsysteme (unterschiedliche Einführungszeitpunkte in verschiedenen Teilsystemen)	. viele, komplexe Massnahmen . ungenügende Projektleitungskapazität für gesamthafte Realisierung . Wirkungen der Massnahmen und der Flexibilität mit relevanten Unsicherheiten verbunden . stark unterschiedliche Realisierungsdauer der Massnahmen in verschiedenen Teilsystemen
4) Pilotprojekt und stufenweise Einführung	. umfangreiches System . grosse Unsicherheiten . viele, komplexe Massnahmen

Abb. 3.1: Vorgehensvarianten der Systemeinführung

Mit der Realisierung ist auch die Projektorganisation durch die Systemorganisation abzulösen:

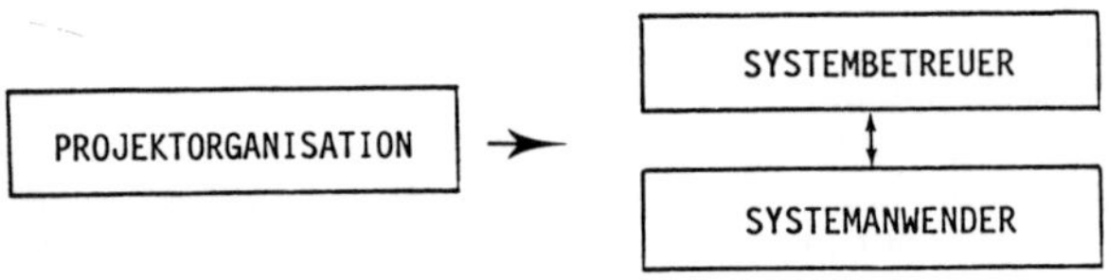

Abb. 3.2: Ablösung der Projektorganisation

Damit diese Ablösung einwandfrei funktioniert, sind die Systembetreuer und -anwender auf ihre neuen Aufgaben und Möglichkeiten vorzubereiten, speziell auch auf diejenigen Aufgaben, die während der Projektierungsphase keine oder nur eine untergeordnete Bedeutung haben, wie Systemunterhalt und -kontrolle.

2. Spezielle Aspekte der Einführung

In diesem Abschnitt soll auf die folgenden Fragen der Einführung eingegangen werden:

- Mitwirkung
- Massnahmen für besondere Personengruppen
- Mögliche Probleme

2.1 Mitwirkung

Dabei geht es um die Frage, wieweit die Mitarbeiter des zur Diskussion stehenden Systems am Entscheidungsprozess beteiligt sind. Je nach Ausprägung der Mitwirkung ist diese nicht erst in der Realisierungsphase, sondern schon in der Entwicklungsphase vorzusehen. Es können folgende Stufen der Mitwirkung unterschieden werden [Möser]:

. Information:
Durch die Information über Ziele, Entscheidungsgrundlagen und -ablauf wird eine Meinungsbildung ermöglicht. Diese kann Rückwirkungen auf die Entscheidungsträger haben. Durch frühzeitige und ausreichende Information werden die Entscheidungsprozesse transparenter und lassen sich die zukünftigen Entwicklungen besser abschätzen.

. Mitsprache:
Die Mitarbeiter übernehmen eine aktivere Rolle, indem sie ihre Argumente vortragen können. Die durch Mitsprache Beteiligten können ihren Einfluss besser geltend machen. Vorausgesetzt wird dabei, dass ausreichende Informationen zur Meinungsbildung vorliegen.

. Mitbestimmung:
Durch die Zuteilung des Stimmrechtes wird der Entscheid unmittelbar beeinflusst. Mitbestimmung setzt Mitsprache und damit natürlich auch Information voraus.

Wie verschiedentlich gezeigt wurde, steckt in der Flexibilisierung der individuellen Arbeitszeit auch ein grosses Nutzenpotential für den Betrieb. Es stellt sich nur die Frage, wie dieses Potential nutzbar gemacht werden kann. Sollen die Mitarbeiter ihre Flexibilität auch nach den Bedürfnissen des Betriebes ausgerichtet nutzen, so setzt dies einerseits die Kenntnis der betrieblichen Ziele und Bedürfnisse (Information) und andererseits deren Akzeptanz voraus. Dementsprechende Beachtung ist dem Meinungsbildungsprozess im Betrieb zu schenken.

Im vorliegenden Fall sind alle Mitarbeiter des untersuchten Arbeitssystems Betroffene, aber auch Nutzniesser der Massnahmen. Die Akzeptanz der Massnahmen und die Zufriedenheit mit dem resultierenden Arbeitssystem wird weitgehend von der Art der Mitwirkung bestimmt sein. Es muss nun festgelegt werden, welche Form der Mitwirkung in welcher Phase anzustreben ist:

. Vorstudie:
In dieser Phase geht es in erster Linie um die Erarbeitung des erfolgversprechendsten Lösungsprinzips. Einerseits ist es sicher zweckmässig, die Mitarbeiter über laufende Projekte zu informieren, andererseits dürfte eine zu detaillierte Information über die in dieser frühen Phase in Betracht gezogenen Lösungsansätze kaum sehr fruchtbar sein.

. Hauptstudie:
Wird eine Flexibilisierung der Arbeitszeit als erfolgversprechendes oder unumgängliches Lösungsprinzip betrachtet, so wird in erster Linie eine Aufklärung zum Thema der flexiblen Arbeitszeiten nötig sein. Dies vor allem darum, weil zum einen eher wenig fundiertes Wissen vorhanden ist und zum anderen viele Mitarbeiter der flexiblen Arbeitszeit auch misstrauisch gegenüberstehen, da darin ein Angriff auf die Grundprinzipien der Ordnung und Pünktlichkeit gesehen wird. Deshalb ist die Erläuterung möglicher Formen der flexiblen Arbeitszeit mit Funktionsweisen, Vor- und Nachteilen sehr wichtig.
Die Herleitung der gewünschten Flexibilität wird sinnvollerweise auf Aussagen der Mitarbeiter beruhen. In dem Sinne ist eine Mitsprache bei der Zielsetzung oder eines Teils davon anzustreben.

. Detailstudie:
Bei der Ausarbeitung des Arbeitszeitmodells ist es zweckmässig, eine weitgehende Mitwirkung der Mitarbeiter vorzusehen, um die Akzeptanz des Modells sicherzustellen. Der Grad der Mitwirkung bei der Detailkonzeption weiterer Massnahmen ist weitgehend von der Art der Massnahme abhängig. Werden zBsp. neue Arbeitsformen in Betracht gezogen, so ist eine sehr weitgehende Mitwirkung anzustreben, was bei kleineren organisatorischen Aenderungen kaum sinnvoll sein wird.

Wie die Mitwirkung im konkreten Fall zu planen ist, hängt auch noch von weiteren betriebsspezifischen Faktoren ab (Bisheriger Führungsstil, Betriebsgrösse, Zusammensetzung der Belegschaft, usw.). Auch ist situationsspezifisch die Form der Mitwirkung abzuklären.

2.2 Massnahmen für besondere Personengruppen

In diesem Abschnitt sollen Massnahmen spezieller Personengruppen zur Diskussion gestellt werden, deren besondere Situation eventuell die Realisierung einer speziellen Regelung als zweckmässig erscheinen lässt.

. Aeltere Mitarbeiter:

Die bisherige Praxis mit der vollen Leistungsbeanspruchung bis zum letzten Tag vor der Pensionierung und der anschliessende, abrupte Uebergang in den Ruhestand erweist sich immer mehr als fragwürdig. Einerseits hat das Ausmass der Umstellung für viele Arbeitnehmer negative Folgen, andererseits erfolgt aus gesundheitlichen Gründen die Pensionierung bei fester Altersgrenze oft zu früh oder auch zu spät. Diesen Umständen kann mit der Realisierung flexibler Pensionierungsregelungen begegnet werden. Als solche können zur Diskussion stehen:

. Flexible Wahl des Pensionierungsalters
. Flexibler Abbau der zeitlichen Beanspruchung durch Reduktion der täglichen Arbeitszeit, Reduktion der Anzahl Arbeitstage pro Woche oder Monat oder entsprechende Verlängerung des Urlaubes
. Regelmässiger Einbezug pensionierter Arbeitnehmer zum Abbau von Belastungsspitzen

Entsprechende Regelungen können auch für den Betrieb von Vorteil sein, wird doch einerseits das Erfahrungspotenial nicht abrupt, sondern allmählich abgebaut und ergeben sich andererseits zusätzliche Möglichkeiten zur Flexibilisierung der personellen Kapazität. Wirtschaftlich dürften entsprechende Massnahmen in den meisten Fällen nur sein, wenn die betroffenen, älteren Arbeitnehmer auch bereit sind, entsprechende finanzielle Zugeständnisse zu machen.

. Ausländische Arbeitnehmer:

Für einen grossen Teil dieser Gruppe von Arbeitnehmern wird die übliche Praxis des Ferienbezugs häufig zum Problem. Die Aufteilung des jährlichen Ferienanspruchs auf mehrere Teilbezüge ist infolge der grossen Reisewege nicht erwünscht. Dem kann durch flexible Ferienregelungen geholfen werden, die nicht nur für den Arbeitnehmer, sondern auch für den Arbeitgeber von Vorteil sein können:

. Der gesamte Ferienanspruch oder ein grosser Teil davon wird zusammenhängend bezogen, dafür wird bei der Wahl des Zeitpunktes auf betriebliche Gegebenheiten Rücksicht genommen. Daraus ergibt sich eine zusätzliche Möglichkeit der Flexibilisierung der personellen Kapazität.

. Es können zusätzliche Ferientage zwecks Bildung einer längeren Feriendauer bezogen werden. Diese zusätzlichen Tage werden bei Bedarf kompensiert, um Belastungsspitzen abzubauen.

. Die Feriendauer wird mit entsprechendem Verzicht auf zeitliche Kompensation durch unbezahlten oder teilweise bezahlten Urlaub verlängert. Dies könnte für einen Betrieb mit ungenügender Kapazitätsauslastung von Interesse sein.

Im weiteren sind auch spezielle Regelungen für **weibliche Arbeitnehmer** denkbar, die einerseits Rücksicht auf entsprechende Verpflichtungen in Haushalt und Erziehung nehmen, andererseits aber auch spezielle betriebliche Gegebenheiten berücksichtigen.

2.3 Mögliche Probleme

Im folgenden soll kurz auf einige Probleme eingegangen werden, die möglicherweise in der Realisierungsphase, vielleicht aber auch schon in einer früheren Phase auftreten könnten:

- Prinzipiell sollte das Ziel der Einbezug aller Mitarbeiter in ein entsprechendes Modell flexibler Arbeitszeiten sein. In einigen Betrieben dürften jedoch sachliche oder personelle Randbedingungen bei gewissen Funktionen vorliegen, die im Vergleich zur Mehrheit nur eine reduzierte oder gar keine Flexibilität ermöglichen. Infolge der Unzufriedenheit dieser Mitarbeiter könnten sich Schwierigkeiten ergeben, die sich auf das Betriebsklima und somit auf die Leistungsbereitschaft negativ auswirken könnten. Die Erfahrung, vor allem bei der Einführung der gleitenden Arbeitszeit, zeigt jedoch, dass die Arbeitnehmer im allgemeinen dafür Verständnis aufbringen, wenn ihnen die Verhältnisse sachlich aufgezeigt werden und somit nicht der Verdacht entstehen kann, dass nicht betriebsbedingte Vorrechte einiger Mitarbeitergruppen geschaffen werden.

- Motivationsprobleme können sich auch dadurch ergeben, dass die Arbeitnehmer den Eindruck erhalten, dass das angestrebte Modell primär einen Nutzen für den Betrieb, aber kaum Vorteile für sie selber beinhaltet. Sofern dieser Sachverhalt nicht wirklich zutrifft, kann ihm wiederum durch gezielte Information über Vorteile des Modells und dessen Nutzung für den Arbeitnehmer, begegnet werden. Das betriebliche Interesse wird ferner dann eher anerkannt, wenn auch die Arbeitnehmer die Möglichkeit haben, persönliche Wünsche anzubringen. Letztendlich sollte auch die Haltung der Betriebsleitung zum Ausdruck bringen, dass es ihr wirklich um eine Verbesserung der Arbeitsbedingungen im Produktionsprozess geht.

- Was für manche Arbeitnehmer eine ideale Abstimmung von privaten und beruflichen Belangen ermöglicht (zBsp. flexible Teilzeitarbeit), kann für andere -aus finanziellen oder familiären Gründen- völlig inakzeptabel sein. Die Lösung solch heikler Fragen liegt in den Händen einer ausgewogenen Personalpolitik, die auch Randgruppen berücksichtigen soll.

- Mitarbeiter, denen einmal eine bestimmte Arbeitszeitflexibilität zugestanden worden ist, lassen sich im allgemeinen nur ungern und somit mit Schwierigkeiten in ein Modell geringerer Flexibilität zurückstufen. Diesen Problemen kann durch eine sorgfältige Abklärung der realisierbaren Flexibilität und durch eine stufenweise Erhöhung der realisierten Flexibilität begegnet werden.

- Stark an Pünktlichkeit und eine starre Arbeitszeitordnung gewohnte Mitarbeiter könnten eventuell eine geringe Bereitschaft zur Unterstützung des Projektes aufweisen, da damit lange eingeübte Ordnungen in Frage gestellt werden. In solchen Fällen kann die Bereitschaft durch gezielte Information und eine schrittweise Einführung geweckt werden.

- Eine nicht oder nur ansatzweise vorhandene Kommunikationsbereitschaft oder -fähigkeit kann die Einführung einer flexiblen Arbeitszeit verzögern oder sogar gefährden. Dem kann durch das Aufzeigen der entsprechenden Probleme, durch eine Schulung der Kommunikationsfähigkeit und einer entsprechenden Führungsausbildung begegnet werden.

- Die erarbeiteten positiven Wirkungen eines Modells flexibler Arbeitszeiten werden kaum sofort, sondern erst nach einer gewissen Anlaufphase eintreten. Dies sollte nicht zu voreiligen Korrekturen am Modell führen, sondern dazu, mit Hilfe der ersten Erfahrungen (eventuell aus einem Pilotprojekt) die Erwartungen in einen realistischen Rahmen zu stellen und dem Kontrollinstrument entsprechende Aufmerksamkeit zu schenken.

IV Ausblick: Neue Technologien als Grundlage einer Arbeitszeitflexibilisierung

1. Potential neuer Technologien

Der Schwerpunkt der gegenwärtigen Diskussion und Forschung liegt auf der Entwicklung neuer Möglichkeiten zur Flexibilisierung von Betrieben bezüglich ihres Outputs, d.h. der Anpassung an wechselnde Gegebenheiten des Absatzmarktes (siehe Kapitel I,5). Der internen, individuellen Flexibilisierung von Arbeitszeitverhältnissen und deren Wechselwirkungen zu einer Output-orientierten Flexibilisierung der ganzen Organisation wird wenig Beachtung geschenkt. Grund dafür mögen die Definitionen technischer und ökonomischer Sachzwänge sein, die vordergründig einen Wandel traditioneller Arbeitsorganisationen verhindern sollen. Dadurch werden bereits mögliche, aber auch in nicht allzu ferner Zukunft denkbare Freiräume zur individuellen Gestaltung von Arbeitsorganisationen verdeckt.

Somit wird auch ersichtlich, dass beim gegenwärtigen Stand der Forschung keine exakten Wirkungen neuer Technologien prognostiziert werden können, insbesondere, da kein eindeutiger Zusammenhang der Technik mit ihren Auswirkungen auf den Menschen, bzw. den Flexibilisierungsmöglichkeiten besteht. Dies ist auch darum festzustellen, weil das Verhalten von Arbeitgebern, Politikern, Gewerkschaften, usw. ihrerseits die Entwicklung und den Einsatz von neuen Technologien für entsprechende Zwecke stark beeinflusst. Es kann an dieser Stelle deshalb nur darum gehen, mögliche Potentiale und Wirkungen aufzuzeigen, um eine sachliche Diskussion vorzubereiten.

Die zunehmende Technisierung hat bisher zu einer starken Ausrichtung der Arbeitsorganisation auf die installierten Maschinen und Geräte geführt. Der Mensch hat weitgehend Funktionen der Steuerung und Regelung, sowie der Handhabung übernommen. In den daraus entstehenden Mensch-Maschine--Systemen gilt die Technologie als unelastisch und der Mensch als elastisch einsetzbares Element, das sich an die Schnittstellen der Technologie anpasst. Der Mensch wird dadurch räumlich und zeitlich durch die Technologie gebunden [Staudt 1]; siehe Abbildung 4.1. Es stellt sich die Frage, wieweit es in Zukunft gelingen wird, elastische Technologien zum Einsatz zu bringen, so dass sich das Elastitzitätsverhältnis zugunsten der Technologie verschiebt.

Betrachtet man die Entwicklung der Mikroelektronik, so ist ein ungebrochener Trend der Leistungszunahme und Miniaturisierung festzustellen. Darauf basierend wird auch die Entwicklung der direkten Datenerfassung über Sensoren vorangetrieben. Dies ergibt ein Potential für die Entwicklung flexibler Fertigungssysteme, in welchen nach und nach Handhabungsfunktionen und einfachere Regelungsfunktionen durch Maschinen und Geräte übernommen werden (zBsp: Einsatz von Handlinggeräten, Robotern, automatisierter Transport und Kontrollsysteme). Diesen Maschinen und Geräten dürfen eine mindestens so grosse Elastizität und sogar eine höhere Zuverlässigkeit wie dem Menschen zugeschrieben werden (Abb. 4.2).

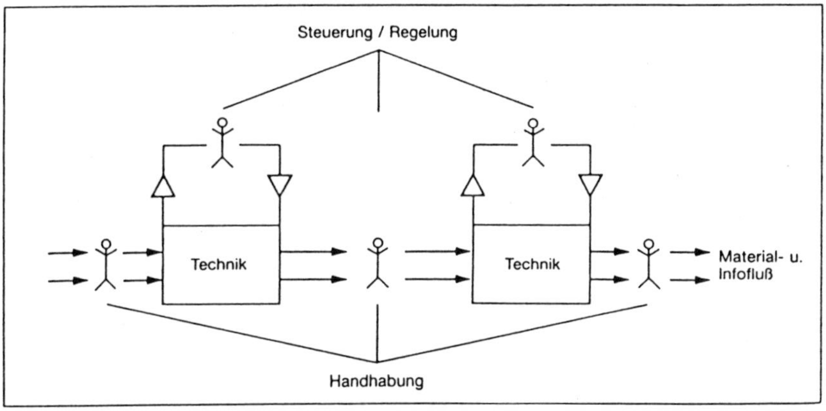

Abb. 4.1: Heutiger Einsatz des Menschen in Mensch-Maschine-Systemen [Staudt 2]

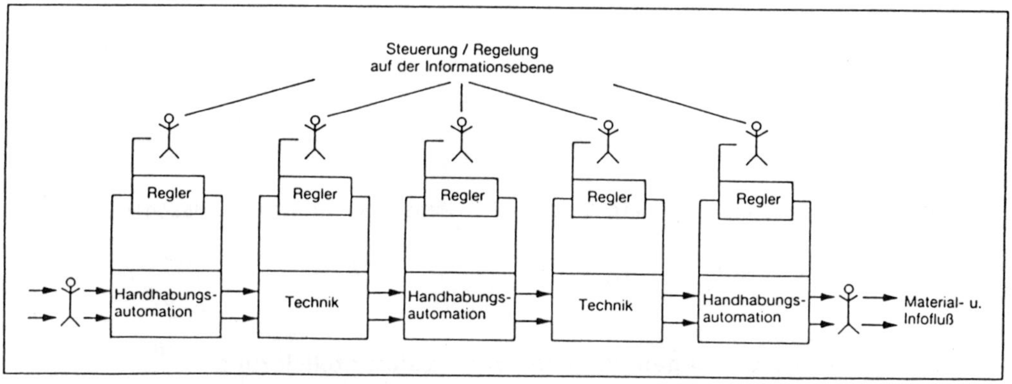

Abb. 4.2: Neue Arbeitsteilung im Mensch-Maschine-System [Staudt 2]

Es ergibt sich nun eine neue Arbeitsteilung im Mensch-Maschine-System dadurch, dass der Mensch Steuerungs- und Regelungsfunktionen auf einer höheren Ebene übernimmt. Die heute meistens vorhandene Abhängigkeit der Mitarbeiter vom Materialfluss und dem Informationsfluss via Papierumlauf wird so durch eine Abhängigkeit vom Informationsfluss auf der Steuerungsebene ersetzt. Als nächster Schritt der Technisierung wird deshalb nach neuen Informations- und Kommunikationstechniken gesucht.

Auf der gleichen rasanten Entwicklung der Mikroelektronik basierend, wird auch die Gestaltung neuer betrieblicher Informationssysteme möglich. Insbesondere die Informationsübertragung mittels technischer Systeme ermöglicht eine räumliche Entkopplung des Austausches von Sprache, Bildern, Daten und Texten. Aber auch die Entwicklung im Bereich der Informationsspeicherung, die immer bessere Möglichkeiten des Speichervolumens und der Zugriffszeiten ergeben, ist von grosser Bedeutung, wird doch dadurch auch eine zeitliche Entkopplung des Informationsaustausches realisierbar (Abb. 4.3).

Damit werden nun aber weitgehend die Kopplungsbedingungen in Mensch-Maschine- aber auch in Mensch-Mensch-Systemen in Frage gestellt.

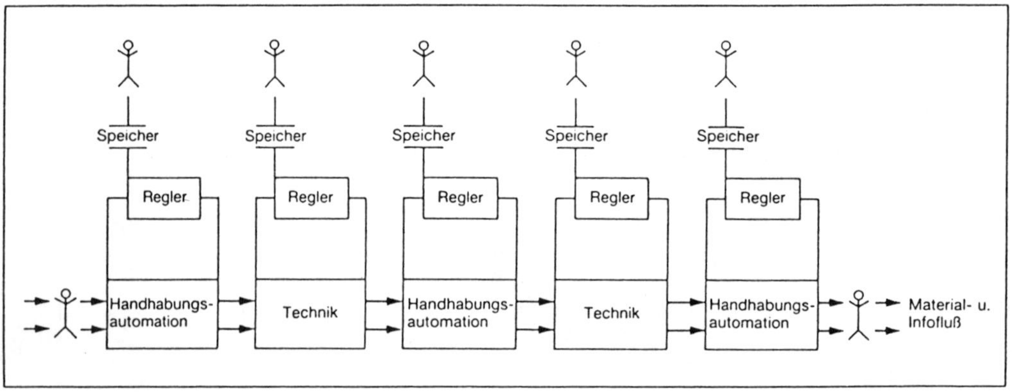

Abb. 4.3: Entkopplungsmöglichkeiten des Menschen in Mensch-Maschine-Systemen [Staudt 2]

2. Mögliche Auswirkungen auf eine Arbeitszeitflexibilisierung

Zusammenfassend dürfte als wichtigster Einfluss neuer Technologien eine geänderte Funktionsverteilung zwischen Mensch und Maschine erwartet werden:

- Einsatz von Maschinen und Geräten für Handhabungs- und einfache Regelungsfunktionen. Der Mensch übernimmt im Gegenzug komplexere Regelungsfunktionen auf höherer Ebene.

- Die zeitliche und räumliche Entkopplung des Einzelnen von der Maschinenbedienung und von der Arbeitstätigkeit anderer Menschen wird ermöglicht.

Die Technik bietet zunehmend Möglichkeiten zur Gestaltung eines humanen Arbeitsprozesses. Die Aufhebung heutiger ökonomisch bedingter Kopplungszwänge erlangt grosse Bedeutung, ist doch zu erwarten, dass die Maschine nicht mehr nur maximal auszunutzender Engpassfaktor, sondern zur kostengünstig verfügbaren Elastizitätsreserve wird.

Diese Möglichkeiten stellen die seit dem letzten Jahrhundert traditionellen Organisationsmodelle in Frage. Die Arbeitsplätze müssen nicht mehr zwingend räumlich konzentriert sein, woraus sich neue dezentrale Organisationsmodelle ergeben (zBsp: Möglichkeit der teilweisen Verlegung des Arbeitsplatzes nach Hause). Da viele räumliche Kopplungsbedingungen auch solche zeitlicher Art bedingen, werden bisherige Gleichzeitigkeitserfordernisse der Durchführung von Arbeitsprozessen aufgehoben. Eine Abnahme der zeitlichen Kopplungsbedingungen zeigt sich zudem schon anhand der abnehmenden Einbindung des Menschen in den materiellen Fertigungsprozess. So ist zu erwarten, dass die heutigen ökonomischen und technischen Sachzwänge, die gebundene Arbeitszeiten zur Folge haben, mehr und mehr abnehmen. Somit kommt der Gestaltung individueller Arbeitszeiten und den damit verbundenen Aufgaben der Personalführung zunehmende Bedeutung zu.

Die Diskussion um die Flexibilität der Arbeitszeit wird bis heute einseitig unter humanwissenschaftlichen und gesellschaftlichen Aspekten geführt. Am Anfang dieser Arbeit stand daher die Hoffnung, einen Beitrag dazu leisten zu können, die Diskussion um den betriebswissenschaftlich-technischen Aspekt bereichern zu können. Diese Hoffnung bleibt bestehen, denn nur eine gesamtheitliche Betrachtung dieses Problemkreises kann die von uns allen gewünschten positiven Wirkungen erbringen.

Vertiefung I

Die Bestimmungsfaktoren der Arbeitszeitflexibilität

Wie bereits auf Seite 36 erwähnt, können die Bestimmungsfaktoren in direkte und indirekte Faktoren unterteilt werden. Im vorliegenden Fall sind nur die **direkten, beeinflussbaren** Bestimmungsfaktoren von Interesse und werden deshalb nachstehend kurz charakterisiert:

1. CHARAKTERISIERUNG DER FAKTOREN

Eine flexible Arbeitszeit ist in industriellen Betrieben nur dann möglich, wenn die in einem Arbeitsprozess enthaltenen Verrichtungen voneinander, sowie vom betrieblichen Material- und Informationsfluss für eine bestimmte Zeitspanne unabhängig gemacht werden können. Dies setzt weiter voraus, dass keine technologische, wirtschaftliche oder organisatorische zeitliche Bindung vorliegt [Böckle].

Dementsprechend sind zur Bestimmung der in einem Arbeitssystem gegebenen Arbeitszeitflexibilität Kriterien des Arbeitsablaufes und der Beziehungen des Mikro- zum Makro-Arbeitssystem relevant.

Ein Arbeitsablauf in einem Mikro-Arbeitssystem ist zeitlich durch folgende Faktoren festgelegt:

- Beginn und Ende
- Dauer
- Unterbrechbarkeit

Zeitliche Beziehungen des Mikro- zum Makro-Arbeitssystem werden durch die folgenden Faktoren bestimmt:

- Betriebszeit
- Zuordnung von Arbeitsprozessen zum Mikro-Arbeitssystem
- Zuordnung von Aufgabenträgern (Mitarbeitern) zum Mikro-Arbeitssystem

Wo zur Durchführung eines Arbeitsprozesses die gleichzeitige Präsenz zweier oder mehrerer Mitarbeiter erforderlich ist, ist keine individuelle, sondern nur eine gemeinsame Flexibilität der Gruppe möglich.

Auf den folgenden Seiten sollen die genannten Faktoren kurz erläutert werden:

FAKTORGRUPPE 1

- Beginn und Ende eines Arbeitsprozesses:

Beginn und Ende können je fixiert oder offen sein. Zudem besteht die Möglichkeit, Anfang und Ende nicht exakt, sondern früheste bzw. späteste Termine festzulegen. In diesem Fall ist die Grösse des Puffers (=Differenz zwischen Dauer des Arbeitsprozesses und Zeitspanne zwischen frühestem Beginn und spätestem Ende) für die Bestimmung der Flexibilität von Bedeutung.

Puffer $P = (SE-FA) - (E-A)$

A: Anfang E: Ende
F: Frühester S: Spätester

Abb. A1.1: Die Bestimmung der Puffergrösse

Ob ein Puffer für die Flexibilität der individuellen Arbeitszeit von Bedeutung ist, hängt von dessen Grösse in Bezug zur täglichen Betriebszeit ab, da dadurch bestimmt wird, ob eine Arbeit auf den folgenden Tag verschoben werden kann, um im laufenden Tag Arbeiten auszuführen, die die gewünschte Arbeitszeitmenge und -lage ergeben. Daraus sind folgende Faktoren abzuleiten:

F1: Anfang und Ende
F2: Puffer

- Dauer des Arbeitsprozesses:

Die Dauer eines Arbeitsprozesses kann sehr unterschiedlich sein (einige Sekunden bis zu mehreren Wochen oder Monaten) und beeinflusst die Arbeitszeitflexibilität recht stark. Liegen Arbeitsprozesse von eher kurzer Dauer vor, ergeben sich mehr Möglichkeiten pro Arbeitstag, nach abgeschlossenem Arbeitsprozess die Arbeit zu unterbrechen. Liegt die Dauer eines nicht unterbrechbaren Arbeitsprozesses über der täglichen Arbeitszeit, so ist je nach Ausmass Ueberzeit- oder Schichtarbeit nötig.

F3: Dauer

- Unterbrechbarkeit eines Arbeitsprozesses:

Eine beliebige Unterbrechbarkeit liegt vor, wenn der Arbeitsprozess in einem beliebigen Zeitpunkt unterbrochen und wieder aufgenommen werden kann und dabei ausser dem Verlust an Zeit kein weiterer Schaden entsteht.
Eine bedingte Unterbrechbarkeit liegt vor, wenn ein Arbeitsprozess nur nach bestimmten Arbeitsabläufen, welche eine gewisse Zeit dauern, unterbrochen werden kann.

Als nicht unterbrechbar wird ein Arbeitsprozess bezeichnet, wenn er nur mit Verlust des Arbeitsobjektes unterbrochen werden kann. Dies ist in der Regel bei einer anlagebedingten Störung der Fall.
Die Unterbrechbarkeit ist im Hinblick auf ihre Auswirkungen auf die Arbeitszeitflexibilität in engem Zusammenhang mit der Prozessdauer zu sehen, ist doch zBsp. bei kleiner Dauer eines Arbeitsprozesses die Unterbrechbarkeit kaum relevant.

F4: Unterbrechbarkeit

FAKTORGRUPPE 2

- Betriebszeit:

Die Betriebszeit entspricht bei starren Arbeitszeitsystemen mindestens der täglichen normalen Arbeitszeit. Je länger die Betriebszeit im Vergleich zur durchschnittlichen Arbeitszeit ist, desto grösser ist die theoretisch mögliche Flexibilitätsspanne.

F5: Betriebszeit

- Zuordnung von Arbeitsabläufen zu Mikrosystemen:

Für die Erfassung der in einem Arbeitssystem möglichen Arbeitszeitflexibilität ist es von Bedeutung, ob einem Arbeitssystem Arbeitsabläufe mit konstanter oder wechselnder Charakteristik zugeordnet werden (F1 bis F4).
Dazu können einem Aufgabenträger Aufgaben zugeordnet werden, die seine Präsenz während der ganzen Betriebszeit oder einem Teil davon verlangt (zBsp: zusätzliche Pikett- oder Ueberwachungsfunktionen).

F6: Charakteristik der Arbeitsabläufe
F7: Präsenzzeitbedingungen

- Zuordnung von Mitarbeitern zu Arbeitssystemen:

Arbeitsabläufe in einem Mikro-Arbeitssystem können allein von einem Mitarbeiter oder auch teilweise oder ganz von anderen Mitarbeitern ausgeführt werden.
Zudem kann eine Arbeitsaufgabe teilweise oder auch ganz die gleichzeitige Mitarbeit von weiteren Personen bedingen, was als Gruppenarbeit bezeichnet wird.

F8: Stellvertretung
F9: Anzahl Aufgabenträger

2. EINFLUESSE DER BESTIMMUNGSFAKTOREN AUF DIE ARBEITSZEITFLEXIBILITAET

2.1 Einleitung

Zur Erfassung der Einflüsse auf die **chronometrische** sowie die **chronologische** Arbeitszeitflexibilität ist die langfristige von der kurzfristigen Flexibilität zu unterscheiden:

- Chronometrische Arbeitszeitflexibilität:

  Eine tägliche Flexibilität soll als kurzfristig und eine wöchentliche, monatliche oder jährliche Flexibilität als langfristig bezeichnet werden. Liegt eine kurzfristige Flexibilität vor, so ist auch eine langfristige theoretische Flexibilität möglich. Die Umkehrung dieser Aussage ist nicht möglich, kann doch eine langfristige chronometrische Flexibilität vorliegen, ohne dass eine kurzfristige Flexibilität gegeben ist (zBsp: bei fester täglicher Arbeitszeit; Verkürzung der Anzahl Arbeitstage pro Woche oder Monat).

- Chronologische Arbeitszeitflexibilität:

  Kurz- und langfristige chronologische Flexibilität beeinflussen sich gegenseitig nicht, sind also getrennt zu betrachten, da als kleinste Zeiteinheit der langfristigen Flexibilität der Tag angenommen wird. Eine langfristige chronologische Flexibilität ist andererseits aber nur gegeben, wenn eine kurzfristige chronometrische Flexibilität vorliegt, da bei langfristig gegebener Arbeitszeitmenge eine Verteilung der Arbeitszeit auf mehr oder weniger Tage nur bei einer kurzfristigen chronometrischen Flexibilität möglich ist.

Die beiden Faktorgruppen F1 - F4 und F5 - F9 weisen keine starken gegenseitigen Beziehungen auf und können daher getrennt betrachtet werden. Die Faktoren der ersten Gruppe weisen untereinander eine wesentlich stärkere gegenseitige Abhängigkeit auf, als die Faktoren der zweiten Gruppe. Aus diesem Grund werden die Einflüsse in zwei Schritten untersucht, wodurch die Anzahl der möglichen Faktorkombinationen stark reduziert wird:

- Zuerst werden die Einflüsse der Faktoren 1 bis 4 aufgezeigt. Dabei ist festzuhalten, wo eine Aussage nur unter Beizug einer oder mehrerer Bestimmungsgrössen der zweiten Gruppe möglich ist.

- Im folgenden Schritt sollen die Einflüsse der Kriterien der Beziehungen von Mikro- und Makroarbeitssystemen (F5 - F9) untersucht werden. Dabei ist wiederum , wo angezeigt, auf die erste Faktorgruppe Bezug zu nehmen.

Auf der folgenden Seite wird uebersichtshalber die Abbildung 2.8 (Seite 37) in verkleinerter Form wiedergegeben:

Bestimmungsfaktoren	mögliche Ausprägungen A	B	C
F1: Anfang und Ende	fixiert	Anf.od.End.fix	offen
F2: Puffer	vernachlässigb	mittel	gross
F3: Dauer	klein	mittel	gross
F4: Unterbrechbarkeit	nicht u.	bedingt u.	beliebig u.
F5: Betriebszeit	gleich AZ	grösser AZ	-
F6: Charakt. Arb.abl.	wechselnd	konstant	-
F7: Präsenzzeitbeding.	nicht vorhand.	teilweise vorh	umfassend
F8: Stellvertretung	möglich	teilweise mögl	unmöglich
F9: Anzahl Aufgabentr.	Gruppenarbeit	teilweise GrA	Einzelarbeit

Abb. 2.8: Die Bestimmungsfaktoren der Arbeitszeitflexibilität

2.2 Einflüsse der Faktorgruppe 1

Die Einflüsse können tendenziell wie folgt dargestellt werden:

- Einflüsse bezüglich der **kurzfristigen** Flexibilität:

Bestimmungs-faktoren		F 3A	F 3B		F 3C	
		-	F 4A	F 4C	F 4A	F 4C
F 1A	F 2A	–	–	–	Schicht Ueb.z.	+
	F 2B	–		–		+
	F 2C	–		–		+
F 1B	F 2A	–	–	–	Schicht Ueb.z.	+
	F 2B	+		+		+
	F 2C	+		+		+
F 1C	F 2A					
	F 2B	+	–* / (+)	+	Schicht arbeit	+
	F 2C	+	+ / +	+	Ueber zeita.	+

\+ tendenziell pos. Wirkung
\- tendenziell neg. Wirkung

*kurzfristige chm. Flex. / kurzfristige chl. Flex.

Abb. A1.2: Kurzfristige Einflüsse der Faktorgruppe 1

Anmerkungen: . Eine bedingte Unterbrechbarkeit wirkt sich je nach Grösse der Zeitabstände zwischen zwei möglichen Unterbrechungen eher wie nicht unterbrechbar, bzw. unterbrechbar aus, weshalb diese Ausprägung nicht aufgeführt ist.

. Sind Anfang und Ende fixiert (F 1A), so ist eine chronom. wie auch eine chronol. Flexibilität nur bei einer grossen Dauer (F 3C) und unterbrechbarem Arbeitsablauf (F 4C) möglich, da nur unter diesen Bedingungen die gesamte Dauer in verschiedenen grösseren und kleineren "Tagesportionen" aufgeteilt werden kann. Dasselbe gilt auch, falls Anfang oder Ende fixiert sind (F 1B) und kein Puffer (F 2A) vorliegt.

. Sind Anfang oder Ende fixiert (F 1B), so ist ein zeitlicher Puffer nötig (F 2B/C), um die zeitliche Bindung des Arbeitsprozesses zu lösen.

. Sind Anfang und Ende nicht fixiert (F 1C), so liegt ein Puffer vor (F 2B/C). Dies hat mit folgenden Ausnahmen eine chronom. und chronol. Flexibilität zur Folge:

- Entspricht die Dauer eines nicht unterbrechbaren Prozesses (F 4A) ungefähr der täglichen Arbeitszeit (F 3B) und ist nur ein mittlerer Puffer vorhanden, so ist die tägliche Arbeitszeitmenge fixiert, womit keine chronom. Flexibilität vorhanden ist.

- Bei der gleichen Konstellation, jedoch sehr grossem Puffer (F 2C), kann eine gewisse chronom. Flexibilität vorliegen, falls die einzelnen Arbeitsprozesse den Arbeitstagen so zugeordnet werden können, dass pro Tag die gewünschte Arbeitszeitmenge resultiert. Eine weitere Voraussetzung dazu ist eine leicht variierende Dauer der Arbeitsprozesse.

. [schraffiertes Feld] Unmögliche Fälle

- Einflüsse bezüglich der **langfristigen** Flexibilität:

Bestimmungs-faktoren		F 3A	F 3B		F 3C		
		-	F 4A	F 4C	F 4A	F 4C	
F 1A	F 2A				Schicht	+	langfristige chm. Flex.
		–	–	–	Ueb.z.	+	langfristige chl. Flex.
	F 2B					+	
		–		–		+	
	F 2C					+	
		–		–		+	
F 1B	F 2A				Schicht	+	
		–	–	–	Ueb.z.	+	
	F 2B	+		+		+	
						+	
	F 2C	+		+		+	
						+	
F 1C	F 2A						
	F 2B	+		+	Schicht	+	
			–		arbeit	+	
	F 2C	+	+	+	Ueber	+	
					zeita.	+	

\+ tendenziell pos. Wirkung
\- tendenziell neg. Wirkung

Abb. A1.3: Langfristige Einflüsse der Faktorgruppe 1

Anmerkungen:

. Voraussetzung einer langfristigen chronometrischen Flexibilität ist entweder eine kurzfristige chronometrische Flexibilität oder die Möglichkeit der Stellvertretung (F8 A/B).

. Voraussetzung einer langfristigen chronologischen Flexibilität ist eine kurzfristige chronometrische Flexibilität **und** die Möglichkeit der Stellvertretung, sofern nicht eine grosse Dauer oder ein grosser Puffer vorliegt.

. Positiver Einfluss, falls Stellvertretung möglich

Vertiefung II

Voraussetzungen zur Erhöhung der Flexibilität

Die Anwendung individueller Arbeitszeiten verlangt generell gewisse Voraussetzungen der **Betriebszeit**, des betrieblichen **Personalinformationssystems** und des **Führungsverhaltens** (siehe Seite 39). Wieweit diese Voraussetzungen bezüglich einem angestrebten Arbeitszeitmodell noch zu schaffen sind, hängt dabei weitgehend vom Ist-Zustand dieser Faktoren und dem entsprechenden Arbeitszeitmodell ab.

1. ENTKOPPLUNG VON BETRIEBSZEIT UND ARBEITSZEIT

Wie schon die Definition der Betriebszeit als Bestimmungsfaktor erkennen lässt, ist eine Verlängerung der täglichen Betriebszeit über die Normalarbeitszeit hinaus eine unabdingbare Voraussetzung für eine Flexibilisierung der Arbeitszeiten.

Es soll aufgezeigt werden, wie sich eine Verlängerung der Betriebszeit auf verschiedene betriebliche Bereiche auswirkt. Anhand allgemeingültiger Ueberlegungen wird ein Rahmen für die Beurteilung aufgezeigt, der in einer konkreten Situation einfach ergänzt werden kann.

Die betroffenen Bereiche können für den vorliegenden Zweck sinnvoll, entsprechend den Realgüterklassen [Kosiol] gegliedert werden (Sachgüter, Informationen, Kapital):

1.1 Sachgüter

Unter Sachgütern werden **Betriebsmittel** (Grundstücke, Gebäude, maschinelle Anlagen, Werkzeuge, usw.), **Werkstoffe** (Ausgangsmaterialien von Fertigungsprozessen), **Hilfs- und Betriebsstoffe** (Klebestoffe, Kühl- und Schmiermittel, usw.) und **Energie** (Wärme, Licht) verstanden.

Die tägliche Nutzungsdauer von Betriebsmitteln beeinflusst deren Verschleiss und somit die Kosten pro Rechnungsperiode. Je nach Art des Betriebsmittels kann dessen tägliche Nutzungsdauer bei einer Verlängerung der Betriebszeit:

- gleichbleiben: Das Betriebsmittel wird durch einen Arbeitnehmer bedient (Einzelarbeit) womit dessen Nutzungsdauer von der Arbeitszeit des Mitarbeiters abhängt (zBsp: Maschinen, Fahrzeuge).
- grösser werden: Die Nutzungsdauer ist von der Betriebszeit abhängig wie es die infrastrukturelle Basis in den meisten Fällen sein dürfte (zBsp: Gebäude, Klima-, Förder-, Versorgungs- und Entsorgungsanlagen).

. kleiner werden: Das Betriebsmittel verlangt eine Bedienung durch mehrere Arbeitnehmer (Gruppenarbeit) und kann somit nur bei Anwesenheit einer genügenden Anzahl Mitarbeiter genutzt werden (zBsp: Nutzung maschineller Anlagen nur während Kernzeiten).

1.2 Informationen

Obwohl die Notwendigkeit der Planung, Steuerung und Kontrolle in stets komplexeren Konstellationen offensichtlich ist, wird die ökonomische Bedeutung von Informationen häufig unterschätzt. In einem Industriebetrieb muss heute mit Informationskosten bis zu 50% der gesamten anfallenden Kosten gerechnet werden:

- **Dispositionsinformationen** als Wissen über relevante Mengen von Gütern und zeitlicher Ablauf von Prozessen: Durch eine Entkopplung der Arbeits- von der Betriebszeit, bzw. mit der Einführung flexibler Arbeitszeiten können die Dispositionsinformationen komplexer und somit aufwendiger und teurer werden.

- **Ausführungsinformationen** als Wissen über Aufgaben und technologische Verfahren von Prozessen: Diese Informationen müssen während der ganzen Dauer eines Arbeitsprozesses verfügbar sein. Bei verlängerter Betriebszeit sind auch Arbeitsprozesse während einer längeren Zeitspanne möglich, d.h., dass diese Informationen über eine längere Zeit verfügbar sein müssen. Diese vergrösserte Verfügbarkeitsdauer kann direkt organisatorische und finanzielle Konsequenzen haben.

- **Optimierungsinformationen** als Wissen über komplexe gegenseitige Abhängigkeiten und wertbestimmende Merkmale von Wirtschaftsgütern und Aktivitäten: Die Erstellung und Verwendung von Optimierungsinformationen dürfte in den meisten Fällen als von der Betriebszeit unabhängig betrachtet werden. Allerdings ist zu erwarten, dass sich die Erarbeitung von Optimierungsinformationen, je nach getroffenen Massnahmen zur Realisierung flexibler Arbeitszeiten, schwieriger oder aber auch leichter gestalten kann.

Informationskosten sind keine ursprüngliche Kostenart. Es handelt sich vielmehr um aus Personal- und Sachkosten abgeleitete Kosten. Infolge der Komplexität der Kommunikationsnetze und der Schwierigkeiten bei der Definition der Kosten pro Informationseinheit ist die Erstellung einer Informationskostenrechnung mit grossen Schwierigkeiten konfrontiert. Daraus wird auch ersichtlich, weshalb eine generelle Erfassung der Informationskosten kaum praktiziert wird. Für den vorliegenden Zweck lassen sich diese Probleme aber dort umgehen, wo geänderte Informationskosten von direkt aus einer Entkoppelung von Arbeits- und Betriebszeit resultierenden Massnahmen hergeleitet werden können (zBsp: Investitionen in Personal und Sachgüter).

1.3 Kapital

Kapital lässt sich betriebswirtschaftlich als wertmässige Vermögensbildung von Sachgütern definieren. Die Kapitalnutzung kann grundsätzlich durch die Zinsen des gebundenen Kapitals bestimmt werden.

In Informationen gebundenes Kapital wird in der Regel nicht berücksichtigt, da sich eine Wertschätzung (zBsp. erhöhter Ausbildungsstand der Mitarbeiter) als äusserst schwierig erweist, obwohl sie im vorliegenden Fall durchaus von Interesse sein könnte.

2. ANFORDERUNGEN AN EIN PERSONALINFORMATIONSSYSTEM (PIS)

Ein Informationssystem nimmt Informationsaufgaben in einem bestimmten Kontext zielgerichtet wahr [Büchel]. Ein PIS kann kurz auch als Führungs- und Verwaltungsinstrument im Personalbereich bezeichnet werden und dient somit der Erfüllung aller Aufgaben im Personalbereich.

Diese Aufgaben können wie folgt gegliedert werden:

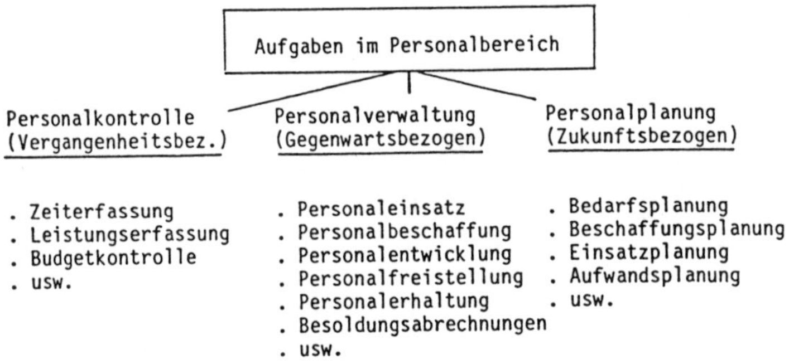

Abb. A2.1: Aufgaben im Personalbereich [nach Domsch]

Neben dieser funktionalen Aufgabengliederung ist die Unterscheidung einer strategischen (meistens auch langfristigen) und dispositiven (kurzfristigen) Führungsebene von Bedeutung. Diese unterschiedlichen Ebenen haben Konsequenzen für die Systemorganisation, sind doch auf der dispositiven Ebene primär repetitive Entscheide und auf der strategischen Ebene primär einmalige Entscheide zu fällen.

Wird das System unter dem Aspekt der Dateninhalte betrachtet, so können **Personaldaten** (quantitativ, qualitativ und zeitlich differenzierter Personalbestand), **Arbeitsplatzdaten** (differenzierter Personalbedarf, abgeleitet aus den Anforderungsprofilen der Arbeitsplätze) und **Methoden und Modelle** unterschieden werden [Domsch].

Wenn auch nur ein Teil der Aufgaben wahrgenommen wird, so ergibt sich schnell einmal die Notwendigkeit einer EDV-Unterstützung des Systems, sind doch, je nach Beschäftigtenzahl, äusserst grosse Datenmengen zu verarbeiten.

Als wichtigste Gründe des Einsatzes von Personalinformationssystemen wurden bei einer Umfrage [Kilian] folgende, mittels PIS zu erreichende, Ziele genannt:

. Rationalisierung der Arbeitsabläufe
. Verbesserung der Entscheidungsgrundlagen
. Verbesserung einzelner Funktionen (zBsp: Bedarfsplanung)
. Transparenz des Systems
. Entlastung von Routinearbeiten

Bei fester Arbeitszeit ist der quantitative und qualitative Personalbestand kurzfristig und mit Ausnahme der Fluktuation auch längerfristig gegeben. Dies ermöglicht vielen Betrieben ein **reaktives** Verhalten, das sich dadurch manifestiert, dass erst nach dem offensichtlichen Entstehen einer Diskrepanz zwischen Personalbedarf und -bestand Massnahmen ergriffen werden.

Bei einer flexiblen Arbeitszeit wird je nach Modell primär der quantitative Personalbestand kurzfristig und/oder langfristig variabel. Daraus ergeben sich funktionale Anforderungen an ein Personalinformationssystem:

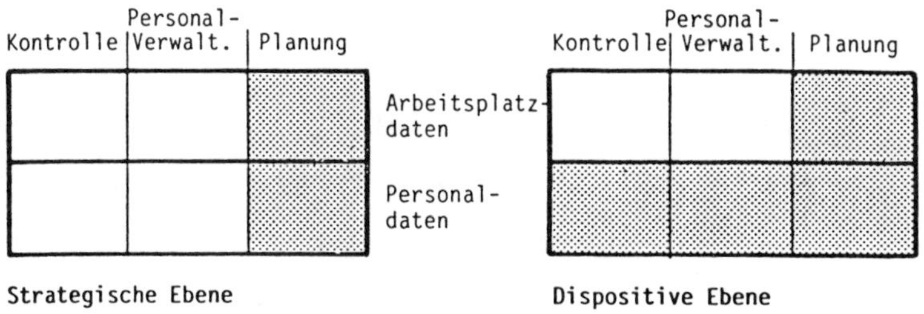

Abb. A2.2: Funktionale Anforderungen an ein PIS

. Strategische Ebene:
Falls eine langfristige Flexibilität möglich ist, wird dementsprechend der Personalbestand auch langfristig, über die Fluktuation hinaus, variabel sein. Um nun einen sinnvollen Personaleinsatz zu ermöglichen, ist ein **aktives** Verhalten nötig, dass aus dem Vergleich des langfristigen Personalbestandes mit dem Personalbedarf entsprechende Massnahmen ableitet. Voraussetzung dazu ist, dass eine Produktionsprogrammplanung existiert, aus der die benötigte maschinelle und daraus die personelle Kapazität abgeleitet werden können. Zudem ist auch zum Zweck der Besoldungsfestlegung der langfristige individuelle Personaleinsatz zu erfassen.

. Dispositive Ebene:
Ist eine kurzfristige Flexibilität möglich, so sind für die Besoldungsabrechnung die entsprechenden Kontrollinstrumente bereitzustellen, wie zBsp. eine individuelle Zeiterfassung und -auswertung. Die Personalplanung hat Instrumente zur kurzfristigen Bedarfs- und Einsatzplanung bereitzustellen, um einen optimalen Personaleinsatz zu gewährleisten, da nicht mehr von einem bezüglich Lage und Menge konstanten Personalbestand ausgegangen werden darf. Je stärker ein Arbeitsplatz zeitlich in einen Fertigungsprozess eingebunden ist, desto weniger ist eine systematische Einsatzplanung zu umgehen.

- Aufwand- und Nutzenüberlegungen:

Im Bereich der betrieblichen Personalplanung besteht im Vergleich zu anderen Bereichen der Unternehmungsplanung ein grosser Nachholbedarf. Ein wichtiger Grund wird darin liegen, dass die nötige Personal- und Arbeitsplatzdatenbasis erhebliche Ansprüche an Datenerfassung und -verwaltung stellt. Im weiteren sind diese Daten durch eine Reihe externer Einflussgrössen bestimmt, die zum Teil nur schwer prognostizierbar sind.

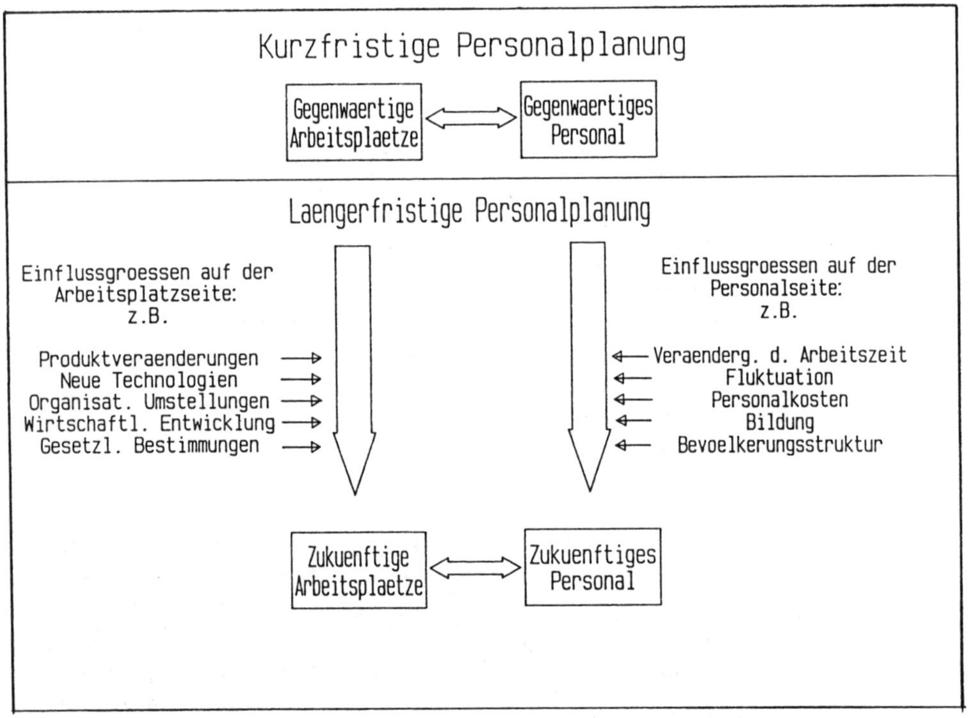

Abb. A2.3: Längerfristig wirksame Einflussgrössen auf der Arbeitsplatz- und Personalseite [Koch]

Der Aufbau und Betrieb eines PIS kann nur langfristig wirtschaftlich sein. Eine Schwierigkeit bei der Bestimmung der Wirtschaftlichkeit liegt in der Bewertung des Nutzens, der nicht vollständig quantitativ erfasst werden kann. Einfacher gestaltet sich die Kostenerfassung, kann doch gemäss Erfahrungen mit einem gut zurechenbaren Anteil von 80% gerechnet werden [Domsch]. Eine mögliche Zusammenstellung von Kosten- und Nutzenarten ergibt die folgende Abbildung:

KOSTENARTEN	NUTZENARTEN
<u>Personalkosten:</u> . Konzipierung und Realisation durch Planungsteam . Realisation und Betrieb durch Systempersonal . Information und Schulung aller Mitarbeiter . Informationsgewinnung . Einsatz von Beratern beim Aufbau und Betrieb des Systems <u>Sachmittelkosten:</u> . Hardware (Kauf, Miete von Zentral-, Speicher-, Eingabe-, Ausgabeeinheiten) . Räume (Bau, Miete), Ausstattung . Formulare, Bücher, etc. . Kommunikationsnetz (Telefon, Rohrpost, etc.) . Maschinenkosten	<u>Bessere Personalplanung:</u> . Besserer Informationsfluss für Planungszwecke . Schnellere Personalentscheidung . Besseres Aufzeigen von Trendentwicklungen im Personalbereich <u>Bessere Personalverwaltung:</u> . Bessere Abrechnungsverfahren . Bessere Wahrung der Vertraulichkeit . Bessere (soziale) Betreuung der Mitarbeiter . Schnellerer Zugriff auf Archivdaten <u>Bessere Personalkontrolle:</u> . Bessere Abgrenzung . Bessere und schnellere Abweichungskontrolle . Bessere Leistungskontrolle

Abb. A2.4: Gegenüberstellung von Kosten- und Nutzenarten [Domsch]

3. ANFORDERUNGEN AN DAS FUEHRUNGSVERHALTEN

Die Leistungsfähigkeit eines Führungsorganes wird in sehr entscheidendem Ausmass durch zwischenmenschliche Beziehungen geprägt. Dementsprechend ist Führung nur beschränkt lehr- und lernbar. Durch das Aufzeigen möglicher und zum Teil notwendiger geänderter Anforderungen an das Führungsverhalten infolge der Einführung flexibler Arbeitszeiten soll ein Lernprozess, soweit möglich, initialisiert und unterstützt werden.

Das Führungsverhalten kann nach [Wettstein] durch folgende Bestimmungsgrössen charakterisiert werden:

. Sachwissen (Erfahrungen bezüglich Unternehmung bzw. Umwelt)
. Methodenwissen (Methoden, Techniken, Hilfsmittel zur Problemlösung)
. Denkweisen (Verstandestätigkeiten)
. Persönlichkeitsmerkmale

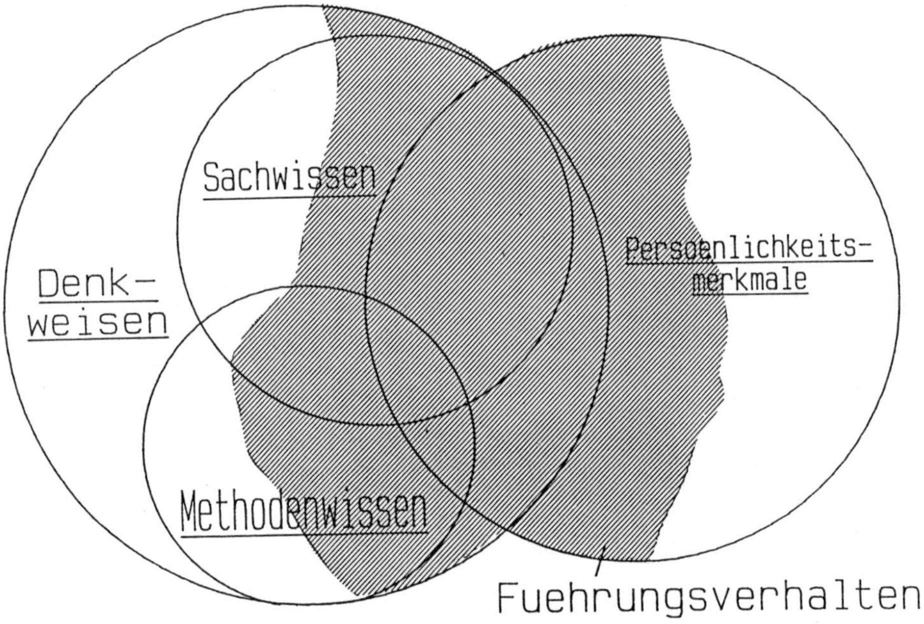

Abb. A2.5: Bestimmungsgrössen des Führungsverhaltens

Diese Bestimmungsgrössen des Führungsverhaltens können durch eine Einführung flexibler Arbeitszeiten weitgehend tangiert werden. Die das Verhalten stark bestimmenden Erfahrungen beziehen sich auf die feste Arbeitszeit und werden zum grössten Teil ungültig. Bis neue Erfahrungen gebildet werden können, entsteht eine Unsicherheit, der durch eine Unterstützung des Methodenwissens begegnet werden sollte. Die Unsicherheiten und somit auch die Schwerpunkte des zu vermittelnden Methodenwissens beziehen sich primär auf folgende Aspekte:

. Aufbauorganisation:

. Delegation und Wahrnehmung der Aufgaben, Kompetenzen und Verantwortung der Arbeitszeitfestlegung
. Stellvertretungen
. Zeitliche Kooperation verschiedener Arbeitssysteme

. Ablauforganisation:

. Prognose möglicher Friktionen
. Begegnung von Störungen

Wie bei allen organisatorischen Aenderungen spielen die Persönlichkeitsmerkmale eine wichtige Rolle bei der persönlichen Verarbeitung und Anpassung, die schliesslich über Akzeptanz zu zusätzlicher Motivation oder über Ablehnung zum Gegenteil führen kann. Von besonderer Bedeutung sind dabei Aspekte der Zusammenarbeit und des dem Führungsstil zugrunde liegenden Menschenbildes.

Der betrieblichen Arbeitsorganisation und somit der Gestaltung der Beziehungen zwischen Vorgesetzten und deren Mitarbeitern, wie auch der Optimierung von Arbeitsabläufen, liegen letztlich immer auch Annahmen über den Menschen zugrunde. Solche Menschenbilder werden zwar selten ausdrücklich formuliert, äussern sich aber meistens in einem entsprechenden Führungsstil.

Mit der Einführung flexibler Arbeitszeiten erhält der Mitarbeiter eine grössere Selbständigkeit und erweiterte Entscheidungsfreiheit betreffend seiner Arbeitszeit. Diese können ihm aber nur zugestanden werden, wenn er der Arbeit motiviert entgegensteht. Dies gilt nicht nur für die Grundsatzentscheidung betreffend der Einführung flexibler Arbeitszeiten auf höchster betrieblicher Ebene, sondern ebenso ausgeprägt für das untere und mittlere Kader, das mit seinem Verhalten die sinnvolle Nutzung einer zugestandenen Flexibilität nachhaltig beeinflussen kann.

Jede Organisation erfordert Zusammenarbeit, und zwar unabhängig vom vorherrschenden Führungsstil. Flexible Organisationsformen stellen aber an alle Mitarbeiter höhere Ansprüche bezüglich der Zusammenarbeit. Dies setzt ein kooperatives Verhalten voraus, das nur auf gegenseitigem Vertrauen und Verständnis gedeihen kann. Grundlage ist wiederum ein entsprechendes Menschenbild.

Durch neue Arbeitszeitmodelle wird eine Planungsfunktion, nämlich die Planung der individuellen Arbeitszeiten auch auf bis anhin nur ausführende Mitarbeiter übertragen. Dies hat für den untergebenen wie den auf unterer Ebene übergeordneten Arbeitnehmer weitreichende Konsequenzen. Uebernimmt somit ein Mitarbeiter eine Planungsfunktion, so sollte er auch für die Resultate der Planung verantwortlich sein, um zu gewährleisten, dass die Organisationsinteressen berücksichtigt werden. Dies bedingt wiederum ein zielbezogeneres Arbeiten, was zBsp. durch eine stärker zielbezogene Auftragsformulierung und eine vermehrt ergebnisanstatt ablauforientierte Kontrolle angestrebt werden kann. Eine weitere Konsequenz daraus ist eine Verlagerung der Informationspflicht nach unten.

Die aufgezeigten Aenderungen der Führungsaufgaben müssen sich auch auf das Führungsverhalten auswirken. Diese Aenderungen können zusammenfassend wie folgt dargestellt werden:

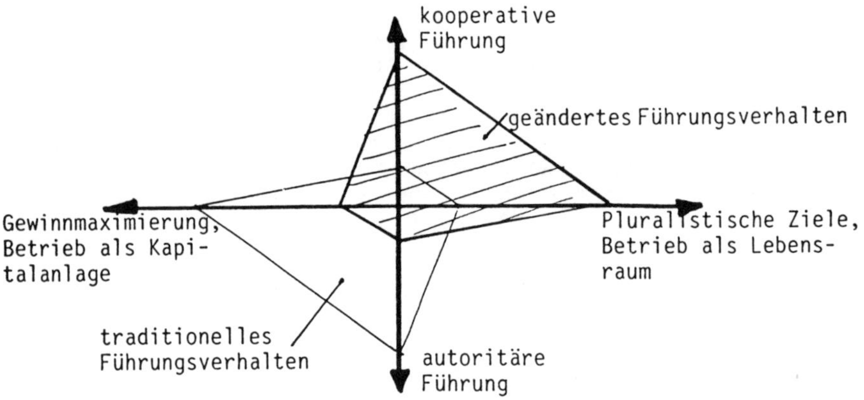

Abb. A2.6: Aenderungen des Führungsverhaltens [nach Schott]

Wie diese Abbildung deutlich macht, ist mit einer Aenderung des Führungsverhaltens nicht nur das zugrundeliegende Menschenbild betroffen, sondern auch das Verständnis des Betriebes. Der Betrieb dient nicht mehr nur der Gewinnmaximierung einer Kapitalanlage, sondern wird als Lebensraum der Mitarbeiter mit vielfältigen Bedürfnissen verstanden, die mit denjenigen des Betriebes in Uebereinstimmung zu bringen sind.

Diese Aenderung des Menschenbildes, des Betriebsverständnisses, der Delegation von Aufgaben, Kompetenzen und Verantwortung sind eigentlich keine neue Forderungen, sondern schon seit langem als Anforderung an flexible Organisationen bekannt. Die im Vergleich zu technischen Aenderungsforderungen wesentlich schwierigere Realisierbarkeit ist offensichtlich und ist im wesentlichen Einfluss der Persönlichkeitsmerkmale auf das Führungsverhalten zu begründen. Das bedeutet aber nur, dass Anstrengungen auf diesem Gebiet umso zielgerichteter und konzentrierter in Angriff genommen werden müssen.

Vertiefung III

Betriebliche Massnahmen zur Erhöhung der Flexibilität

In den wenigsten Fällen werden die **Bestimmungsfaktoren** (siehe Seite 36 und Vertiefung 1) derart ausgeprägt sein, dass der Flexibilisierung der individuellen Arbeitszeiten nichts im Weg steht. Auf der anderen Seite dürften auch diejenigen Betriebe selten sein, in denen sich alle Bestimmungsfaktoren negativ auf die Flexibilisierungsmöglichkeiten auswirken und zudem als nicht beeinflussbar betrachtet werden müssen.

Meistens wird eine Kombination verschiedener beeinflussbarer Faktoren für den Grad der möglichen Flexibilität massgebend sein.

Im folgenden werden nun Massnahmen vorgestellt, welche geeignet sind, den Grad der Arbeitszeitflexibilität zu erhöhen. Diese Massnahmen können sich sowohl auf einen als auch auf mehrere Bestimungsfaktoren auswirken, weshalb zunächst auf eine direkte Zuordnung verzichtet wird, was sich in der Gliederung der Massnahmen ausdrückt. Eine mögliche Zuordnung der Massnahmen zu den Bestimmungsfaktoren soll abschliessend aufgezeigt werden.

Die betrieblichen Massnahmen zur Erhöhung der individuellen Flexibilität können die folgenden Produktionsfaktoren betreffen:

. Die menschliche Arbeit
. und davon abgeleitet den dispositiven Faktor (Leitung, Planung, Organisation)
. Die Betriebsmittel
. Die Fertigungsobjekte

1. DIE MENSCHLICHE ARBEIT BETREFFENDE MASSNAHMEN

1.1 Bezeichnung und Ausbildung von Stellvertretern

Ein System der Stellvertretungen wird in den meisten Betrieben vorhanden sein, da Abwesenheiten, zBsp. infolge von Krankheit, Urlaub und Dienstreisen auch bei fester Arbeitszeit überbrückt werden müssen. Bei flexibler Arbeitszeit kommt der Stellvertretungsregelung aber wesentlich grössere Bedeutung zu, weshalb bestimmte Grundsätze stärker zu beachten sind, wie zBsp:

. Verantwortlichkeit des Mitarbeiters für die Stellvertretung während seiner Abwesenheit

. Je nach Situation Verzicht auf Flexibilität, wenn die Stellvertretung nicht organisiert werden kann

. Varianten:
Eine Stellvertretung kann schwerpunktmässig horizontal oder vertikal organisiert werden:

In einer **vertikalen** Stellvertretung wird die gegenseitige Vertretung eines übergeordneten und eines oder mehrerer untergeordneter Mitarbeiter geregelt. Diese Variante weist den Vorteil eines verbesserten vertikalen Informationsflusses auf. Dadurch wird eine vollständigere Information des Vorgesetzten erreicht, was für ihn in Entscheidungssituationen von Vorteil sein kann; aber auch eine weitergehende Orientierung der Untergebenen, was dessen Interesse und Einsatz an der Arbeit steigern kann.

Bei einer **horizontalen** Stellvertretung vertreten sich zwei Mitarbeiter der gleichen Rangstufe. Diese dürfte die horizontale Austauschbarkeit, d.h. die Flexibilität der Mitarbeiter fördern und auch einen Beitrag zur verbesserten Kooperation leisten, was wiederum dem Betriebsklima förderlich ist.

. Voraussetzungen:
Damit ein Stellvertreter seine Aufgabe wahrnehmen kann, hat er gewisse Voraussetzungen zu erfüllen, wie eine genügende Ausbildung für die zu übernehmende Aufgabe, eine rechtzeitige Information über Lage und Dauer der Stellvertretung, ausreichende Informationen über den aktuellen Stand der Arbeit am zu vertretenden Arbeitsplatz, usw.

. Wirkungen:
Durch die Ausbildung von Stellvertretern kann eine Stellvertretung überhaupt erst ermöglicht werden (betroffener Faktor: F8), aber auch Präsenzzeitbedingungen (F7) eingeschränkt werden.

Im weiteren darf aber auch erwartet werden, dass die Transparenz und Uebersichtlichkeit betrieblicher Arbeitsprozesse vergrössert werden, wie auch die Technik der Informationsübertragung und die Flexibilität der Organisation als Ganzes verbessert werden können.

1.2 Einführung von Absprachesystemen

Absprachesysteme gehen von fallweisen Uebereinkünften zwischen zwei oder mehreren Arbeitnehmern aus. Bekannt wurden solche Absprachesysteme vor allem aus Anwendungen in Arbeitssystemen mit stark voneinander abhängigen Tätigkeiten, wie zBsp. Fliessfertigung und Mehrschichtbetrieb. Charakteristisch ist, dass die individuelle Flexibilität eines Mitarbeiters auf der Einschränkung der Flexibilität eines oder mehrerer anderer beruht. In dem Sinne wird vorausgesetzt, dass ein Mitarbeiter über eine gewisse Flexibilitätsspanne verfügt, die dann durch eine Absprache eingeschränkt werden kann. Durch diese Feststellung werden auch die Grenzen der Absprachesysteme deutlich. Denn wie auch Umfragen zeigen [Grassl, Hindelang], ist die Nutzung der persönlichen Flexibilität ziemlich gering, was noch ausgeprägter zutreffen wird, wenn die eigene Flexibilitätsspanne zugunsten anderer genutzt werden soll. Dementsprechend sind die angewandten Flexibilitätsspannen, innerhalb derer Absprachen getroffen werden können, auch meistens sehr gering (0.25 - 0.5 Std.).

. Voraussetzungen:
Die Einführung eines Absprachesystems setzt ein kooperatives Verhalten in der Gruppe voraus, da die Gefahr besteht, dass dominante Persönlichkeiten die Gestaltung der Absprachen einseitig nach ihren Interessen beeinflussen und sich somit die Arbeitszeit derjenigen, die sich nicht durchsetzen können, nach den Wünschen anderer richtet.

Zeitliche Absprachen bedingen zudem eine entsprechende Qualifikation und Information der Mitarbeiter, damit sie überhaupt in der Lage sind, während gewisser Zeiten die Arbeit anderer zu übernehmen.

. Wirkungen:
Durch fallweise Regelungen können organisatorische Engpässe beseitigt werden. Dementsprechend finden sie auch dort Anwendung, wo situationsspezifische neue Probleme zu lösen sind.

Unter der als Normalfall zu betrachtenden Annahme, dass die Mitarbeiter nicht speziell ausgebildet werden, um die Arbeit anderer durchzuführen, beschränkt sich der Anwendungsbereich jeweils auf Gruppen von Arbeitnehmern mit je gleicher oder ähnlicher Tätigkeit.

Diese Massnahmen im Bereich der Absprachesysteme können ebenfalls die Bestimmungsfaktoren Präsenzzeitbedingung (F7) und Stellvertretung (F8) betreffen.

1.3 Einsatz von Springern

Springer sind an mehreren Arbeitsplätzen ausgebildete Mitarbeiter, die demzufolge von der Tätigkeit her flexibel einsetzbar sind. Der Einsatz von Springern ist aus Betrieben bekannt, deren Fertigungsabläufe den gleichzeitigen Einsatz mehrerer Arbeitnehmer bedingen (zBsp: Fliessfertigung, Gruppenarbeit). Um durch den Ausfall oder die Minderleistung eines Einzelnen nicht die ganze Gruppe zu blockieren, werden -wo nötig- Springer eingesetzt.

Es ist nun auch denkbar, Springer zur Flexibilisierung der Arbeitszeit einzusetzen, indem die aus dem Arbeitssystem erwachsende zeitliche Bindung kompensiert werden soll. Durch folgende Gegebenheiten sind dem aber Grenzen gesetzt:

. Soll eine **chronometrische** Flexibilität erreicht werden, so ist zu Beginn und Ende der täglichen Arbeitszeit und während der Mittagspause eine erhöhte Anzahl Springer einzusetzen, falls die Fertigung während der Normalarbeitszeit oder sogar während der Betriebszeit aufrecht erhalten werden soll. Je nach Gleitzeitspanne wäre dabei, bei einem üblichen Zeitverhalten [siehe Grassl, Hindelang] ein Springerbestand von bis zu 50% der Belegschaft nötig.

. Bei der geforderten Höherqualifikation der Springer sind diese Arbeitskräfte dementsprechend teuer. Dies und auch die Tatsache, dass die zeitliche Flexibilität der Springer sehr klein sein muss, damit sie den Bedürfnissen entsprechend eingesetzt werden können, zeigt, dass ihr Einsatz zur Erhöhung der **chronologischen** Flexibilität kaum in grösserem Umfang möglich ist.

. Varianten:
Die Regelung des Einsatzes von Springern kann innerhalb der aufgezeigten Grenzen verschiedenste Formen bezüglich Umfang, Art und Zweck annehmen. Insbesondere ist dabei die Möglichkeit einer organisatorischen Ausgliederung der Springer, im Sinne einer Serviceorganisation, zu überprüfen. Eine prüfenswerte Variante besteht auch darin, Mitarbeiter an weniger ausgeprägt zeitgebundenen Einzelarbeitsplätzen als Springer auszubilden und in Randzeiten einzusetzen. Voraussetzung dazu ist natürlich das Vorhandensein genügend solcher Arbeitsplätze und weiterbildungsfähige Mitarbeiter.

In verschiedenen Betrieben wird unter dem Begriff "Springer" auch folgendes verstanden:

. Unqualifizierte Arbeitskräfte, die für entsprechende Arbeiten bei Bedarf zur Verfügung stehen (zBsp: für innerbetriebliche Transportaufgaben, "Handlangerdienste").

. Qualifizierte Arbeitskräfte, die sich zur Behebung technischer Störungen bereithalten (technisches Unterhaltspersonal, technische Entstörung).

Soweit durch diese Arten des Springereinsatzes eine Beeinflussung der Bestimmungsfaktoren der Arbeitszeitflexibiliät im gewünschten Sinn erreicht werden kann, können entsprechende Massnahmen in Betracht gezogen werden.

. Voraussetzungen:
Um den Einsatz von Springern auch quantitativ sinnvoll planen zu können, ist eine einigermassen konstante Verteilung der Ankunfts- und Abgangszeiten vorauszusetzen. Je grösser die Anzahl Mitglieder der betrachteten Organisation ist, innerhalb der Springer eingesetzt werden, desto einfacher wird die Einsatzplanung.

. Wirkungen:
Das Ziel des Springereinsatzes ist die Vermeidung eines Produktionsunterbruches und somit eine konstant hohe Kapazitätsauslastung. Springer werden auch eingesetzt, um bei unterschiedlich schwankendem Arbeitsanfall verschiedener Kapazitätsgruppen einen Belastungsausgleich für die Arbeitnehmer durchzuführen.

Durch den Springereinsatz werden die beiden Einflussfaktoren Präsenzzeitbedingung (F7) und Stellvertretung (F8) in Richtung einer höheren Flexibilität beeinflusst.

1.4 Neue Arbeitsformen

In Abkehr von den tayloristischen Arbeitsprinzipien wurden neue Arbeitsformen entwickelt, die sich im wesentlichen durch eine Ausweitung des menschlichen Handlungsspielraumes auszeichnen. Dieser Handlungsspielraum weist zwei Dimensionen auf [Ulich]:

. den Tätigkeitsspielraum und
. den Entscheidungs- und Kontrollspielraum

Bei der **Aufgabenvergrösserung** wird der Tätigkeitsspielraum durch die Zusammenfassung strukturell gleichartiger Tätigkeiten zu einer grösseren Arbeitsaufgabe erweitert. Dies wird zBsp. durch das Zusammenfassen von Arbeitsverrichtungen erreicht.

Beim **Arbeitswechsel** wird der Tätigkeitsspielraum durch einen regelmässigen Wechsel des Arbeitsplatzes erweitert. Im Gegensatz zur Aufgabenerweiterung wird nicht die Aufgabe eines Arbeitsplatzes verändert, sondern der Mitarbeiter rotierend auf verschiedenen Arbeitsplätzen eingesetzt. Auch diese Arbeitsform führt zu einer Höherqualifikation des einzelnen Arbeitnehmers, womit er auch im Sinne eines Springers eingesetzt werden kann.

Bei der **Aufgabenbereicherung** wird der Handlungsspielraum durch die Zusammenfassung mehrerer vor-, nach- und nebengelagerter Stufen der Fertigung, also durch die Zusammenfassung strukturell verschiedener Aufgaben zu einer neuen Fertigungsaufgabe erweitert. Dies wird zBsp. durch den Einbezug von Planungs-, Kontroll- und Wartungsaufgaben realisiert.

Teilautonome Gruppen zeichnen sich durch die Uebertragung relevanter Planungs-, Kontroll- und Ausführungsfunktionen an eine Arbeitsgruppe aus. Dadurch wird der Handlungsspielraum der Gruppe und idealerweise auch des Einzelnen vergrössert. Die Gruppe erhält eine in sich geschlossene Aufgabe, was die Kontakte zur Umwelt minimiert. Dementsprechend wird die Unabhängigkeit der Gruppe auch in zeitlicher Hinsicht grösser.

. Voraussetzungen:
  Bei Fliessfertigung ist eine zeitliche Entkopplung durch Zwischenlager nötig, um einen nutzbaren Dispositionsspielraum zu schaffen.
  Die Anwendung dieser Massnahmen erfordert eine gründliche Vorbereitung (zBsp: Analyse der technisch-organisatorischen wie der arbeits- und betriebspsychologischen Aspekte) unter Einbezug der betroffenen Mitarbeiter.

. Wirkungen:
Durch die Vergrösserung des Handlungsspielraumes wird eine Reduktion der restriktiven Beziehungen zu umgebenden Arbeitssystemen erzielt. Auch wird durch die Zusammenfassung mehrerer Tätigkeiten zu Gruppenaufgaben die Zeitdauer der zu terminierenden Arbeitsprozesse vergrössert, was sich tendenziell positiv auf die mögliche Arbeitszeitflexibilität auswirkt (siehe Vertiefung 1).

Weiter kann die Anzahl der Zwischenlager reduziert werden, wobei eventuell mit einer Erhöhung des Lagerbestandes der zusammengezogenen Lager gerechnet werden muss. Das Lagersortiment wird aber homogener und ist somit besser zu bewirtschaften.
Bei teilweiser Uebernahme von Planungs-, Wartungs- und Kontrollaufgaben in bisher nur ausführende Arbeitssysteme ist auch mit einer grösseren zeitlichen Unabhängigkeit der entsprechenden Nebenfunktionen zu rechnen.

Als weitere nicht direkt auf die Flexibilität bezogene betriebliche Wirkungen werden genannt: Einfachere Arbeitsorganisation, erhöhte Produktivität und Qualität und niedrigere Fluktuation.

Die genannten Massnahmen betreffen somit die folgenden Bestimmungsfaktoren der Arbeitszeitflexibilität: Dauer (F3), Charakteristik der Arbeitsabläufe (F6), Präsenzzeitbedingungen (F7), Stellvertretung (F8) und die Anzahl der Aufgabenträger (F9). Steht die Einführung neuer Arbeitsformen im Zusammenhang mit der Reorganisation von Arbeitsprozessen, so können auch die übrigen Bestimmungsfaktoren betroffen werden. (Eine vertiefte Auseinandersetzung mit den Möglichkeiten, Voraussetzungen und Wirkungen neuer Arbeitsformen in der schweizerischen Maschinen- und Metallindustrie enthält ein entsprechender Untersuchungsbericht des Arbeitgeberverbandes schweizerischer Maschinen- und Metallindustrieller [ASM].)

2. DEN DISPOSITIVEN FAKTOR BETREFFENDE MASSNAHMEN

2.1 Arbeitsplatzorientierung des Informationsflusses in der Produktionssteuerung

Die Produktionssteuerung soll einen reibungslosen Produktionsablauf gewährleisten und umfasst alle mittel- und kurzfristigen Entscheide, die zur Durchführung der Produktion nötig sind, primär die detaillierte Material-, Termin- und Kapazitätsdisposition [Büchel 2]. Da vor allem der Einfluss auf die zeitliche Bindung der Arbeitsprozesse interessiert, ist die Terminplanung und -steuerung von spezieller Bedeutung.

Die **Terminplanung** soll die Termine der für die Abwicklung von Aufträgen notwendigen Arbeitsprozesse festlegen und die sich daraus ergebenden Kapazitätsbelastungen ermitteln. Die **Terminsteuerung** schliesst alle Massnahmen ein, die zur Durchführung der Aufträge gemäss der Terminplanung nötig sind. Sie ordnet die Arbeiten einzelnen Arbeitsplätzen oder Arbeitskräften zu und legt die Arbeitsreihenfolge fest. Weiter veranlasst sie die Bereitstellung aller zur Arbeitsausführung notwendigen Unterlagen und Hilfsmittel und überwacht die Einhaltung der einzelnen Zwischentermine [Büchel 2].

Als Folge der Einführung flexibler Arbeitszeiten vergrössert sich die Informationslücke bezüglich Lage und Menge der zur Verfügung stehenden personellen Kapazität. Es stellt sich nun die Frage, welche Massnahmen geeignet sind, dieser grösseren Unsicherheit wirkungsvoll zu begegnen:

- Die Terminsteuerung wird stark dezentralisiert und durch Betriebsleiter und Meister aufgrund der Resultate der Terminplanung durchgeführt. Die Verantwortung und der Aufgabenbereich der Meister bzw. der Betriebsleiter wird vergrössert. Sie werden beauftragt, durch Interaktion mit den unterstellten Mitarbeitern für die Realisierung der Planungsvorgaben einzustehen. Durch die kurzen Informationswege können Entscheidungen flexibler anhand der aktuellen Situation gefällt werden. Damit kann sich die Terminsteuerung der sich ändernden Situation anpassen, wodurch sich ein grösserer individueller Dispositionsspielraum des einzelnen Mitarbeiters realisieren lässt.

- Lässt sich eine Dezentralisierung der Terminsteuerung nicht realisieren, so bestehen auch Möglichkeiten einer Flexibilisierung bei zentralisierter Terminsteuerung. Grundsätzlich sind dazu schnellere (kürzere) Informationswege und kürzere Reaktions-, d.h. Verarbeitungszeiten anzustreben. Dies wird meistens durch eine weitestgehend zentralisierte und automatisierte Terminsteuerung erreicht, was aber entsprechende Aufwendungen, vor allem im EDV-Bereich, voraussetzt.

- Wird das Arbeitssystem unter dem Aspekt des Informationsflusses betrachtet, so ergibt sich eine weitere Massnahme zur Reduktion der zeitlichen Bindung eines Arbeitssystems im Produktionsprozess. Die nötigen Prozessinformationen (zBsp: Formangaben, Bearbeitungsreihenfolge) können entweder synchron zum Bedarfszeitpunkt geliefert oder aber gespeichert werden und somit über einen grösseren Zeitraum verfügbar sein. Werden die Informationen gespeichert, so werden die Informationsquelle und der Informationsempfänger zeitlich entkoppelt. Wie beim Materialfluss, so hat auch eine Entkopplung des Informationsflusses eine Erhöhung der individuellen Flexibilität zur Folge.

. Voraussetzungen:
Die Frage nach dem Zentralisationsgrad der Terminsteuerung kann nicht unabhängig von Fertigungsart und -typ betrachtet werden. So finden wir zBsp. bei der Werkstättenfertigung vornehmlich Einzel- und Kleinserienfertigung, bei welcher die Fertigungssteuerung an Bedeutung und Komplexität zunimmt und nur mit sehr grossem Aufwand zentralisiert und automatisiert werden kann. Auf der anderen Seite dürfte sich die

Fliessfertigung besser für eine zentrale und weitgehend automatisierte Steuerung eignen.

Weiter setzt die Flexibilisierung der Terminsteuerung voraus, dass von der Planung her ein genügend grosser Spielraum der individuellen Disposition zur Verfügung steht.

. Wirkungen:
Die aufgezeigten Massnahmen wirken sich primär bezüglich den Bestimmungsfaktoren Fixierung des Arbeitsprozesses (F1) und Puffergrösse (F2) aus, indem die zeitliche Bindung des Arbeitsprozesses durch flexiblere Wahl des Beginn- und Endzeitpunktes und durch die Bildung von "Informationspuffern" reduziert wird.

Auch kann eine Reihe weiterer positiver Wirkungen festgestellt werden, indem zBsp. bei starker Dezentralisation durch den ständigen Dialog mit den Mitarbeitern deren Verantwortungsbewusstsein für den Fertigungsablauf verbessert werden kann. Dies dürfte sich dahingehend auswirken, dass sich die Mitarbeiter bei ihrer Zeitdisposition mehr an den betrieblichen Gegebenheiten orientieren. Andererseits dürfte eine weitgehende Zentralisation und Automatisierung zu aktuelleren und für die höheren Führungsebenen besser zugänglichen Entscheidungsgrundlagen führen.

2.2 Flexibilisierung des Materialflusses

Wo keine Zwischenlager vorhanden sind, müssen Verfügbarkeits- und Bedarfszeitpunkt exakt aufeinander abgestimmt werden. Dadurch ergibt sich eine Bindung von Beginn- und Endzeitpunkt des Arbeitsprozesses an vorgeschaltete Arbeitsprozesse und deren Planung. Eine Reduktion dieser Bindung kann durch die Bildung von Zwischenlagern erzielt werden. Der dadurch erreichte Dispositionsspielraum wird durch das Ausmass der räumlichen und zeitlichen Lagermöglichkeiten bestimmt.

. Varianten:
Im Produktionsprozess können Zwischenlager an verschiedensten Stellen und auf verschiedenste Art gebildet werden. Wegleitend werden technologische Ueberlegungen sein, wie auch der organisatorische Aspekt der sinnvollen Abgrenzung von Arbeitsprozessen. Beispielhaft sollen Möglichkeiten der Umstrukturierung der Fliessbandarbeit aufgezeigt werden [Rühl]:

. Aufteilung des Bandes in Teilsegmente und Bildung teilautonomer Gruppen
. Zwischenschaltung von einfachen Materialpuffern
. Bildung von vom Bandlauf unabhängigen Arbeitsplätzen mit Lagermöglichkeiten

. Wirkungen:
Die aufgezeigten Massnahmen beeinflussen vor allem die Bestimmungsfaktoren Fixierung eines Arbeitsprozesses (F1) und Puffer (F2).

Solche Pufferlager binden Kapital in Form von Zwischenprodukten, die mit zunehmender Bearbeitung an Wert zunehmen. Daraus ergibt sich ein Zielkonflikt zwischen der Forderung nach einer Reduktion der zeitlichen Bindung und derjenigen der Materialwirtschaft nach minimaler Kapitalbindung.

3. DIE BETRIEBSMITTEL BETREFFENDE MASSNAHMEN

3.1 Aenderung der Produktionstechnologie

Die Produktionstechnologie umfasst das Wissen über die zur Güterumwandlung anzuwendenden Verfahren und über die zu ihrer Verwirklichung notwendigen technischen Ausrüstungen. Als für die Arbeitszeitflexibilität relevante Aspekte der Technologie eines Betriebes können Fertigungstyp, -art und -verfahren bezeichnet werden.

- Aenderung des Fertigungstyps:

Wählt man die räumliche und funktionale Strukturierung der Betriebsmittel als Kriterium, so können folgende Typen unterschieden werden:

Werkbankfertigung: Dies ist die handwerkliche Organisation der Fertigung durch Orientierung der Betriebsmittel auf den Mitarbeiter. Die zeitliche Bindung ist sehr schwach, da sowohl eine Unterbrechung als auch Verschiebung des Arbeitsprozesses weitgehend möglich ist.

Werkstättenfertigung: Bei der Werkstättenfertigung sind Betriebsmittel gleicher Funktion zu örtlichen Gruppen zusammengefasst. Herstellung und Transport der Werkstücke erfolgt in Losen, wodurch das Mass der zeitlichen Unabhängigkeit eines Mitarbeiters durch die Puffergrösse der zu erledigenden Arbeiten und der materialflussbedingten Termine abhängt. Bei entsprechender Planung kann eine weitgehende Unabhängigkeit erreicht werden.

Baustellenfertigung: Die ganze Fertigungsorganisation wird auf den Aufstellungsort des Arbeitsobjektes ausgerichtet. Je nach Ort kann zwischen interner und externer Fertigung unterschieden werden. Die Unterbrechbarkeit des Arbeitsprozesses hängt primär vom angewandten Verfahren ab, dürfte aber in den meisten Fällen weitgehend gegeben sein. Da bei der Baustellenfertigung meistens eine Form der Gruppenarbeit anzutreffen ist, ergeben sich daraus zeitliche Restriktionen (zBsp: gemeinsamer Transport zu Objekt bei externer Fertigung). Durch eine situationsspezifische, geeignete Organisation der Gruppenarbeit kann eine grössere zeitliche Unabhängigkeit des Einzelnen erreicht werden.

Linienfertigung: Die Betriebsmittel werden entsprechend dem Arbeitsablauf angeordnet, ohne dass eine genaue kapazitäts- und taktmässige Abstimmung vorgenommen wird. Infolge der fehlenden zeitlichen Abstimmung sind Zwischenlager nötig, die das Auffangen von Zeitverschiebungen zwischen zwei Arbeitsplätzen ermöglichen. Das Ausmass der zeitlichen Unabhängigkeit wird primär durch die Grösse der Zwischenlager bestimmt.

Fliessfertigung: Die Aufstellung der Betriebsmittel entspricht derjenigen der Linienfertigung. Zusätzlich sind die Arbeitsplätze kapazitäts- und taktmässig abgestimmt. Dementsprechend sind keine oder nur minimale Puffer vorhanden, was eine weitgehende gegenseitige Abhängigkeit der Arbeitsplätze zur Folge hat. Soll bei vorherrschender Linien- oder Fliessfertigung eine zeitliche Flexibilisierung erreicht werden, so ist neben der Aenderungsmöglichkeit des Fertigungstyps vor allem die Anwendung neuer Arbeitsformen zu überprüfen.

. Voraussetzungen:
Ob ein Fertigungstyp geändert werden kann, oder ob Massnahmen bei gleichbleibendem Fertigungstyp gewählt werden sollen, hängt primär davon ab, ob eine Aenderung technisch überhaupt realisierbar ist (zBsp: Eine Fliessfertigung bei der Glasflaschenproduktion kann aus technischen Gründen, wie der Forderung nach konstanter Temperatur im Schmelzofen, nicht unterbrochen werden, womit eine Pufferbildung und damit ein Uebergang zur Linienfertigung nicht möglich ist).

. Wirkungen:
Die Wirkungen einer Aenderung des Fertigungstyps beziehen sich auf die Bestimmungsfaktoren Fixierung von Anfang und Ende (F1), Puffer (F2), Dauer (F3) und Unterbrechbarkeit (F4). Zusammenfassend können sie wie folgt charakterisiert werden:

Fertigungstyp:	Wirkung auf Bestimmungsfaktor:			
	F1	F2	F3	F4
Werkbankfertigung	B/C	B/C	B/C	B/C
Werkstättenfertigung	B/C	B/C	(B/C)	B/C
Baustellenfertigung	(A/B)	-	B/C	B/C
Linienfertigung	(B/C)	(A/B)	A/B	B/C
Fliessfertigung	A/B	A/B	A/B	A/B

Ausprägungen A/B bzw. B/C siehe Vertiefung 1
( ) tendenzielle Wirkung, aber in speziellen Fällen auch anders möglich

- Aenderung der Fertigungsart:

Mit der Fertigungsart wird in erster Linie die Produktionsmenge je Fertigungsauftrag charakterisiert. Wie verschiedene Untersuchungen zeigen [siehe zBsp. Arnold], besteht ein relevanter Zusammenhang zwischen Fertigungsart und Fertigungstyp:

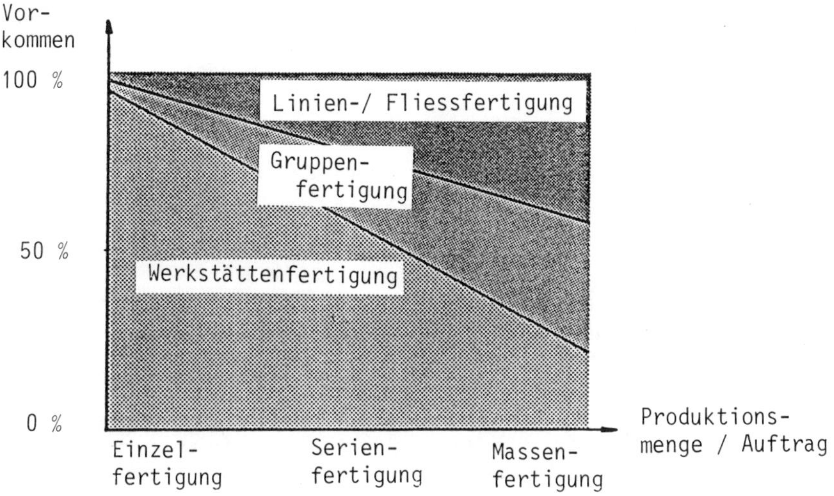

Abb. A3.1: Zusammenhang Fertigungsart/Fertigungstyp

Die Fertigungsart wird vor allem durch die Produkt-/Marktstrategie bestimmt, die für den vorliegenden Fall mehrheitlich als Randbedingung aufgefasst werden muss. Somit sind Massnahmen in diesem Bereich von untergeordneter Bedeutung.

- Aenderung des Fertigungsverfahrens:

Fertigungsverfahren sind wiederholbare Vorgehensweisen, mittels derer auf Stoffe eingewirkt wird, um ein bestimmtes Ergebnis zu erzielen. Fertigungsverfahren können nach verschiedenen Gesichtspunkten gegliedert werden. Für die Beurteilung bezüglich dem zeitlichen Ablauf ist die Unterscheidung von chemischen, physikalischen und biologischen Verfahren von Bedeutung [Böckle]:

Chemische Verfahren sind im allgemeinen überhaupt nicht oder nur mit unerwünschten Veränderungen der Reaktionsbedingungen unterbrechbar. Dies führt aber nicht zwangsläufig zu einer strengen Bindung der Arbeitszeit des einzelnen Mitarbeiters an den Prozessablauf, da nicht mehr von Fertigungsgespannen auszugehen ist. Zusätzliche Beschränkungen können sich bei chargenweiser Produktion ergeben, bei der die Unterbrechungsmöglichkeit an die Dauer und den Rhythmus des Chargenprozesses gebunden ist.

Biologische Verfahren sind immer mit chemischen Reaktionen verbunden, womit die gleichen Aussagen wie bei den chemischen Prozessen gemacht werden können.

Physikalische Verfahren können unterschiedlichste Charakteristiken aufweisen, weshalb allgemeingültige Aussagen über die zeitliche Bindung physikalischer Prozesse kaum möglich sind. Vor allem bei Prozessen mit thermischen Verfahren oder kombinierter Anwendung physikalischer und chemischer Verfahren liegen vielfach ähnliche Gesetzmässigkeiten wie bei chemischen Verfahren vor.

. Voraussetzungen:
Eine wesentliche Voraussetzung ist wie bei der Aenderung des Fertigungstyps die technische Realisierbarkeit.

. Wirkungen:
Die Wirkungen einer Aenderung des Fertigungsverfahrens beziehen sich primär auf den Bestimmungsfaktor Unterbrechbarkeit (**F**4). Diese können zusammenfassend wie folgt charakterisiert werden:

Verfahren:	Wirkung auf F4:
mechanisch-physikalische Verfahren	B/C
sonstige physikalische Verfahren (therm.V.)	A/B
chemische/biologische Verfahren	A/B

3.2 Aenderung des Technisierungsgrades

Technisierung wird hier als Oberbegriff für alle Formen des Ersatzes menschlicher Arbeitsleistung durch Werkzeuge und Maschinen verstanden und enthält demzufolge Mechanisierung und Automatisierung.

Unter **Mechanisierung** wird die Uebertragung körperlicher Arbeitsprozesse und unter **Automatisierung** die Uebertragung von Steuerungs-, Kontroll- und Korrekturfunktionen auf Maschinen und Geräte verstanden.

Für unsere Zwecke können folgende Stufen der Technisierung unterschieden werden:

1) Keine oder geringe Technisierung: Die Handarbeit wird eventuell durch Werkzeuge unterstützt. Die Werkzeuge sind in der Regel ortsveränderlich einsetzbar und ergeben einen grossen Spielraum bezüglich Lage und Dauer der Arbeitszeit.

2) Die Operationsenergie wird durch die Maschine geleistet. Dem Mensch bleiben die Aufgaben der Ingangsetzung, Regelung und Beendigung der Tätigkeit. Je nach Prozess kann die Unterbrechbarkeit eingeschränkt

sein. Bedingt durch eine mögliche Zunahme der Arbeitsteilung bei diesem höheren Mechanisierungsgrad wird die Dauer des Arbeitsprozesses tendenziell abnehmen.

3) Im Vergleich zur zweiten Stufe wird durch die Maschine zusätzlich die Steuerung übernommen. Der Mensch übernimmt die Kontroll- und Korrekturfunktion. Da der Zeitpunkt des Auftretens von Abweichungen oder Störungen nicht vorhersehbar ist, ist die Dauer der menschlichen Tätigkeit an die Laufzeit der Maschine gebunden. Zudem bedeutet eine Unterbrechung einen Eingriff in die Steuerungsfunktion der Maschine, bzw. eine Rückkehr zur manuellen Steuerung.

4) Mit zunehmender Automatisierung wird der Maschine auch die Kontroll- und Korrekturfunktion zugeteilt. Dadurch wird die zeitliche Bindung zwischen Mitarbeiter und Maschine gelockert und je nach Prozess sogar weitgehend aufgelöst. Dem Menschen verbleiben Ueberwachungsfunktionen.

. Voraussetzungen:
Bei einer Aenderung des Technisierungsgrades sind primär Restriktionen finanzieller Art und des Absatzmarktes zu berücksichtigen. In Richtung einer Vollautomatisierung werden zunehmend auch Randbedingungen technischer Art beachtet werden müssen.

. Wirkungen:
Die Wirkungen einer Veränderung der Technisierung beziehen sich auf die Bestimmungsfaktoren Fixierung von Anfang und Ende (F1), Dauer (F3) und Unterbrechbarkeit (F4). Diese Wirkungen können wie folgt charakterisiert werden:

Technisierungsstufe:	Wirkung auf Bestimmungsfaktor: F1	F3	F4
Technisierungsstufe 1	B/C	B/C	B/C
Technisierungsstufe 2	(B/C)	(A/B)	(B/C)
Technisierungsstufe 3	A/B	(A/B)	A/B
Technisierungsstufe 4	(B/C)	(B/C)	B/C

Zusätzlich zu den direkten Wirkungen bezüglich der zeitlichen Bindung des Menschen im Arbeitssystem sind auch die Wirkungen des mit steigender Technisierung zunehmenden Investitionsaufwandes zu berücksichtigen. Hohe Investitionskosten bedingen normalerweise einen rationalisierten Fertigungsablauf, der mit einem Zwang zur Integration verbunden ist. Diese Integration bewirkt wiederum eine zeitliche Bindung von Fertigungsabläufen, welche den Dispositionsspielraum der einzelnen Mitarbeiter einschränken. Zudem sind weitere Wirkungen einer zunehmenden Technisierung, wie Grössen- und Spezialisierungsdegression der Fertigungskosten zu berücksichtigen.

4. DAS FERTIGUNGSOBJEKT (MATERIAL/PRODUKT) BETREFFENDE MASSNAHMEN

4.1 Standardisierung des Produktaufbaus

Durch die Standardisierung des Produktaufbaus wird eine Reduktion der Teilevielfalt in der Fertigung und/oder eine Verkürzung der Lieferfristen angestrebt. Eine Standardisierung kann durch Typung und Baukastenfertigung erzielt werden.

Unter **Typung** wird eine Reduktion der Endprodukte-Variantenvielfalt verstanden, um pro Endproduktvariante höhere Absatzstückzahlen zu erreichen, was die Endproduktelagerung ermöglichen kann. Dadurch kann eine Reduktion der zeitlichen Bindung der Arbeitsprozesse an Liefertermine erreicht werden.

Die **Baukastenfertigung** versucht, bereits auf der Stufe der Endproduktkomponenten eine Typung durchzuführen, wodurch sich unterschiedliche Endprodukte aus standardisierten Zwischenprodukten zusammenfassen lassen. Diese Komponenten können auf Vorrat gefertigt und bei Bedarf den Kundenwünschen entsprechend montiert werden.

. Voraussetzungen:
  Eine Reduktion der Endproduktevielfalt setzt in vielen Fällen eine Aenderung der Unternehmungspolitik voraus, was nicht ohne tiefergehende Marktanalyse durchgeführt werden dürfte.

. Wirkungen:
  Eine Standardisierung des Produktaufbaus wirkt sich primär durch die Bildung von Puffern (F3) und eine Reduktion der zeitlichen Bindung der Fertigung an Liefertermine (F1) aus.

  Beachtenswert ist auch, dass in vielen Fällen eine Standardisierung des Produktaufbaus auch eine Voraussetzung für die Einführung neuer Technologien (zBsp: Computer Aided Design CAD) ist, was sich wiederum auf die Produktionstechnologie und den Technisierungsgrad auswirken kann.

4.2 Aenderung der Lagerfähigkeit und der Verfügbarkeit des Ausgangsmaterials

Nicht oder nur bedingt lagerfähige Materialien ergeben eine starke zeitliche Bindung an den Verfügbarkeitszeitraum. Je flexibler die Verfügbarkeit mit dem Bedarfsfall in Uebereinstimmung gebracht werden kann, desto mehr kann die zeitliche Bindung reduziert werden. Bei lagerfähigen Materialien ergibt sich zusätzlich die Möglichkeit der Vorratshaltung, wodurch der Verfügbarkeitszeitraum vergrössert wird. Dies hat eine weitgehende Entkopplung der Anliefer- und Bedarfstermine zur Folge.

. Voraussetzungen:
Eine Aenderung der Lagerfähigkeit des Ausgangsmaterials setzt die entsprechenden technischen und wirtschaftlichen Möglichkeiten voraus. Auch werden bei einer besseren Synchronisation von Verfügbarkeitszeitraum und Bedarfstermin von nicht lagerfähigen Materialien Massnahmen im Bereich des dispositiven Faktors nötig sein (zBsp: Verbesserung der Planungsmethodik).

. Wirkungen:
Die Wirkung einer flexibleren Anpassung der Verfügbarkeits- an Bedarfstermine besteht vor allem in einer besseren Verschiebbarkeit der Arbeitsprozesse (F1).

4.3 Aenderung des Aggregatzustandes

Ungeformte Güter wie Gase, Flüssigkeiten und Schüttgüter eignen sich besonders für kontinuierliche Transport- und Produktionsverfahren [Riebel]. Kontinuierliche Prozesse lassen sich jedoch in der Regel nicht ohne zusätzliche Kosten unterbrechen.

Die Unterbrechbarkeit kann dabei durch chargenweise Produktion verbessert werden, wobei eine Unterbrechung nur bei Chargenwechsel sinnvoll ist. Dabei kommt, neben der durch die Technologie gegebenen Unterbrechbarkeit, der Festlegung der Chargengrösse primäre Bedeutung für die Bestimmung der Flexibilität zu.

Die gleichen Aussagen wie sie für ungeformte Güter gemacht werden können, treffen auch für geformte Fliessgüter zu. Diese sind von der Form des Erzeugnisses her nur nach zwei Dimensionen festgelegt, während die dritte Dimension, die Länge, grundsätzlich beliebig festzulegen ist.

Bei Stückgütern ist die Form nach allen drei Dimensionen hin festgelegt. Die einzelnen Stücke werden einzeln und nacheinander bearbeitet, so dass sich nach der Fertigstellung jedes Stückes eine Unterbrechungsmöglichkeit ergibt. Je nach eingesetztem Verfahren ist auch eine Unterbrechungsmöglichkeit während der Fertigung gegeben.

. Voraussetzungen:
Der Aggregatzustand ungeformter Güter dürfte in den meisten Fällen durch das Produkt gegeben und daher nicht veränderbar sein. In diesen Fällen wäre zu untersuchen, ob nicht Massnahmen bei gleichbleibendem Aggregatzustand (zBsp: Chargenproduktion, Optimierung der Chargenproduktion) möglich sind.

. Wirkungen:
Die Wirkungen beziehen sich primär auf die Bestimmungsfaktoren Dauer (F3) und Unterbrechbarkeit (F4). Sie lassen sich zusammenfassend wie folgt darstellen:

Aggregatzustand:	Wirkung auf Faktor: F3	F4
ungeformte Güter und geformte Fliessgüter:		
kontinuierliche Produktion	B/C	A/B
chargenweise Produktion	(B/C)	(A/B)
Stückgüter	(A/B)	(B/C)

5. ZUSAMMENFASSUNG DER WIRKUNGEN DER AUFGEZEIGTEN MASSNAHMEN BEZUEGLICH DEN BESTIMMUNGSFAKTOREN

In der Abbildung A3.2 auf der folgenden Seite sollen die Massnahmen und deren Wirkungen noch einmal zusammengefasst dargestellt werden.

Es wurde bewusst auf den Versuch verzichtet, quantitative Zusammenhänge zu ermitteln, da diese vielfach nur subjektiv und situationsspezifisch erfassbar sind. Vielmehr sollen Suchrichtungen aufgezeigt werden, die es erlauben, im konkreten Fall Lösungen zu konzipieren.

BETRIEBLICHE MASSNAHMEN	BESTIMMUNGSFAKTOREN								
	F1	F2	F3	F4	F5	F6	F7	F8	F9
1. Die menschliche Arbeit betreffende Massnahmen:									
. Stellvertretungen							A/B	A/B	
. Absprachesysteme							A/B	A/B	
. Einsatz von Springern							A/B	A/B	
. Einführung neuer Arbeitsformen			B/C			A/B	A/B	A/B	A/B
2. Den dispositiven Faktor betreffende Massnahmen:									
. Arbeitsplatzorientierung des Informationsflusses	B/C	B/C							
. Flexibilisierung des Materialflusses	B/C	B/C							
3. Die Betriebsmittel betreffende Massnahmen:									
. Aenderung der Produktionstechnologie: Fertigungstyp:									
- Werkbankfertigung	B/C	B/C	B/C	B/C					
- Werkstättenfertigung	B/C	B/C	B/C	B/C					
- Baustellenfertigung	A/B		B/C	B/C					
- Linienfertigung	B/C	A/B	A/B	B/C					
- Fliessfertigung	A/B	A/B	A/B	A/B					
. Aenderung des Fertigungsverf.:									
- mechanisch-physikalisch V.				B/C					
- sonstige physik.(therm) V.				A/B					
- chemisch/biologische V.				A/B					
. Aenderung des Technisierungsg.:									
- Stufe 1	B/C		B/C	B/C					
- Stufe 2	B/C		A/B	B/C					
- Stufe 3	A/B		A/B	A/B					
- Stufe 4	B/C		B/C	B/C					
4. Das Fertigungsobjekt betreffende Massnahmen:									
. Standardisierung Prod.aufb.	B/C	B/C							
. Aenderung der Lagerfähigkeit	B/C								
. Aenderung des Aggregatzustand.:									
- ungeformte Güter und geformte Fliessgüter: Kontinuierl. P.	B/C	A/B							
Chargenw. Prod.	(B/C)	(A/B)							
- Stückgüter	(A/B)	(B/C)							

Ausprägungen A/B bzw. B/C siehe Seite 37 oder Vertiefung 1
(..) Tendenzielle Wirkung, aber in Spezialfällen auch anders möglich

Abb. A3.2: Betriebliche Massnahmen zur Erhöhung der Flexibilität und deren Wirkung auf die Bestimmungsfaktoren

Vertiefung IV

Grundlagen zur Gesamtbeurteilung der Arbeitszeitflexibilität

1. BEURTEILUNG DER QUANTITATIV ERFASSBAREN BETRIEBLICHEN WIRKUNGEN MITTELS EINER INVESTITIONSRECHNUNG

1.1 Einleitung

Die Investitionsrechnung ist ein Teil der Produktivitätserfassung und ist als solcher stark entscheidungsorientiert. Mittels der Investitionsrechnung werden aus rein monetären Kennzahlen (zBsp. Gewinn, Rentabilität) die Grundlagen für einen Investitionsentscheid erarbeitet. Der Begriff Investition wird im Detail verschieden gedeutet, bedeutet aber in jedem Fall die zweckgerichtete Bindung flüssiger Mittel über einen bestimmten Zeitraum.

Entscheidungen sind stets zukunftsbezogen und mit einem gewissen Risiko verbunden. Darum interessieren bei der Entscheidungsfindung oft nicht absolute Resultate der verschiedenen Handlungsmöglichkeiten, sondern die Unterschiede der entsprechenden Wirkungen, da sich Differenzen meistens besser abschätzen lassen als absolute Werte.

Grundvariante ist immer die Möglichkeit der Beibehaltung des Ist-Zustandes (vorhandener Grad der Arbeitszeitflexibilität). Damit zu vergleichen sind eine oder mehrere Handlungsalternativen zur Realisierung flexibler Arbeitszeiten. Bei Differenzbetrachtungen können die Handlungsalternativen auf die Grundvariante bezogen werden.

Die gebräuchlichen Methoden der Investitionsrechnung können wie folgt unterschieden werden:

- Kann auf eine Berücksichtigung der zeitlichen Verteilung der Geldströme verzichtet werden, so werden **statische Methoden** angewandt. Dies ist vor allem bei einer kurzen Nutzungsdauer oder unwesentlichen Differenzen der zeitlichen Verteilung der Geldströme bei verschiedenen Investitionsvarianten der Fall. Werden die Geldströme im Zeitablauf betrachtet, so spricht man von einer **dynamischen Methode.**

- Eine weitere Gliederung der Methoden ergibt sich durch das Vergleichskriterium: Kosten, Ueberschuss, Rentabilität oder Pay-back-Dauer.

Da in den meisten Fällen keine Einnahmen bzw. Erträge den Handlungsalternativen direkt zugeordnet werden können oder bezüglich der Einnahmen/Erträge keine relevanten Differenzen entstehen (Ausnahme: Absatzwirksame Massnahmen), werden primär die Methoden des Kostenvergleichs bzw. der Kennzahlenermittlung aufgrund der Kosteneinsparungen angewandt werden müssen. (REFA: Kosten sind der in Geld bewertete Einsatz von Gütern und Diensten.)

Methoden der Investitionsrechnung

statische Methoden	dynamische Methoden
- Kostenvergleich	- Kapitalwertmethode [1] a) aufgr. Kosteneinsp. b) aufgr. Gewinnzuw.
- Gewinnvergleich	
- Rentabilitätsvergleich a) aufgrund Kosteneinsparungen b) aufgrund Gewinnzuwachs	- Annuitätenmethode [1] a) aufgr. Kosteneinsp. b) aufgr. Gewinnzuw.
- Pay-Back-Dauer a) aufgrund Kosteneinsparungen b) aufgrund Gewinnzuwachs	- Interner Zinsfuss [2]
	- Pay-Back-Dauer a) aufgr. Kosteneinsp. b) aufgr. Gewinnzuw.

[1] Vergleichskriterium: Ueberschuss/Fehlbetrag
[2] Vergleichskriterium: Rentabilität

Abb. A4.1: Methoden der Investitionsrechnung

- Kostenelemente:

An dieser Stelle sollen die möglichen Kostenelemente einer Investitionsrechnung aufgezeigt werden. Die Liste auf der folgenden Seite (Abb. A4.2) ist als Checkliste zur Kontrolle der Vollständigkeit der zu berücksichtigenden Kostenelemente gedacht.

- Ertragselemente:

Erträge werden berücksichtigt, falls die verschiedenen Varianten unterschiedliche Ertragsmengen oder einen unterschiedlichen zeitlichen Anfall der Erträge beinhalten. Dabei sind, falls relevant, folgende Elemente zu berücksichtigen:

. Erträge aus Verkauf an Dritte:	. Absatz Inland } nur effektiv . Absatz Ausland } absetzbare Werte . Ertragswirksame Abfallprodukte
. Eigenverbrauch:	Im eigenen Betrieb verbrauchte Leistungen zu Selbstkosten bzw. Marktpreisen, falls diese tiefer liegen

. Liquidationserträge alter Objekte

<u>Planungsphase:</u>	. Informationsbeschaffung . Konzeption (Variantenbildung, Wirkungsanalyse, Detailplanung) . Entscheidungsfindung . Realisierungsplanung	
<u>Einführungsphase:</u>	. Personal:	Projektleitung, Beratung Personalbeschaffung Veränderung der Gehaltsbestandteile und Zulagen
	. Information:	Information, Schulung und Ausbildung der Mitarbeiter Personalinformationssyst. AVOR, Fertigungsplanung und -Steuerung
	. Betriebsmittel:	Gebäude Infrastruktur Maschinelle Anlagen und Vorrichtungen und deren Integrationskosten (zBsp: Montage, Arbeitsplatzeinrichtung, Inbetriebnahme) Bestandeserhöhungen von Material, Betriebs- und Hilfsstoffen Energie (Anlagen- und Installationskosten) Nebenkosten (Abgaben, Gebühren, Versicherung)
	. Kapital:	Kapitalbeschaffung
<u>Betriebsphase:</u>	. Personal:	Projektleitung, Beratung Veränderung der Gehaltsbestandteile und Zulagen Personalzusatzkosten
	. Information:	Schulung, Weiterbildung der Mitarbeiter Betrieb und Unterhalt des Personalinformationssystems, der AVOR, der Fertigungsplanung und -Steuerung
	. Betriebsmittel:	Wartung und Unterhalt Material, Energie, Betriebs- und Hilfsstoffe Abschreibungen Gemeinkosten (zBsp: Materialbeschaffung und -Lagerung)
	. Kapital:	Kapitalbindung
	. Risiken und kalkulatorische Wagniskosten (zBsp: Versicherung, Reservebildung)	
	. Verwaltung	
	. Uebrige Aufwendungen (zBsp: Camionage, Steuern, Gebühren)	

<u>Abb. A4.2:</u> Mögliche Kostenelemente einer Investitionsrechnung

1.2 Spezielle Probleme der Kostenermittlung

Die Methoden der Investitionsrechnung sind in der Literatur sehr gut dokumentiert. Dementsprechend dürfte die Bestimmung der meisten Kostenelemente kaum Probleme bereiten. Schlecht dokumentiert und deshalb selten berücksichtigt sind jedoch einige der im vorliegenden Fall relevanten kostensenkenden Wirkungen der Einführung flexibler Arbeitszeiten. Im folgenden soll darum erläutert werden, wie diese Wirkungen definiert und in der Investitionsrechnung berücksichtigt werden können:

. Erhöhung der Arbeitsproduktivität
. Reduktion der Fehlzeiten
. Reduktion der Personalfluktuation
. Erhöhung der Flexibilität der personellen Kapazität

- Erhöhung der Arbeitsproduktivität:

Die Arbeitsproduktivität wird ganz generell durch das Verhältnis "Betriebliche Leistung zu Arbeitseinsatz" definiert [Rahm]. Dabei kann die Leistung in Stück oder Werteinheiten auf die Anzahl Zeiteinheiten pro Arbeitskraft oder auf die Kosten der Arbeit bezogen werden [Bekkert]. Dieser Quotient stellt eine gesamtbetriebliche Leistung dar, die durch das Zusammenwirken verschiedenster Produktionsfaktoren entsteht. An dieser Stelle interessiert jedoch eine Wirkungsänderung des Faktors "Arbeit", die als Intensität der Arbeit beschrieben werden kann [Seicht]:

"Produzierte Leistungseinheiten / eingesetzte Zeiteinheiten"

Dabei werden die übrigen Faktoren und die zeitliche Inanspruchnahme als konstant vorausgesetzt.

Nach Huffelmann wird die Qualität und somit die Intensität der menschlichen Arbeit durch die **Leistungsfähigkeit**, die **Beanspruchungsmöglichkeit** und die **Leistungsbereitschaft** bestimmt. Durch eine Flexibilisierung individueller Arbeitszeiten können diese Elemente wie folgt beeinflusst werden:

. Durch eine erhöhte Arbeitsmotivation wird die psychische Leistungsbereitschaft und Beanspruchungsmöglichkeit erhöht.

. Die Arbeitszeit wird an die individuelle physiologische Leistungsbereitschaft angepasst, d.h. dass die Arbeitszeit besser mit den Zeiten hoher Leistungsbereitschaft in Uebereinstimmung gebracht werden kann. Dieser Verlauf der physiologischen Leistungsbereitschaft ist individuell pro Tag und Woche ziemlich konstant.

Prozentuale Abweichungen vom Tagesdurchschnitt

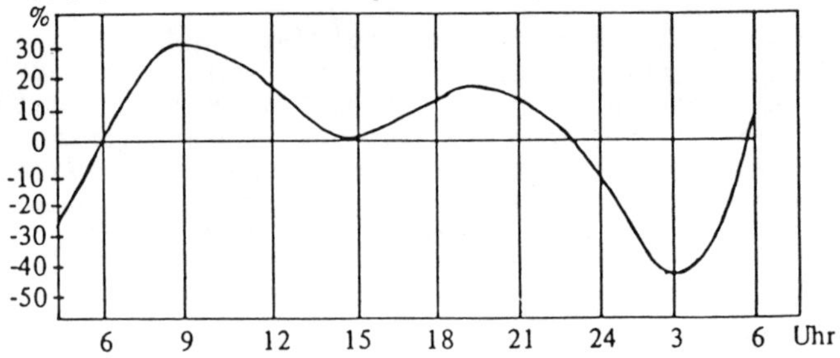

Abb. A4.3: Durchschnittlicher Verlauf der physiologischen Arbeitsbereitschaft [Rahm]

Wie weit eine solche Intensitätssteigerung realisiert werden kann, hängt primär davon ab, wie weitgehend das Resultat des Arbeitsprozesses technisch bestimmt ist. Demzufolge ist eine Wirkung nur soweit zu erwarten, als die Qualität und/oder Quantität des Resultates durch den Arbeitnehmer beeinflusst werden kann.
Im weiteren ist aber auch das Ausmass der individuell nutzbaren Flexibilität und die individuelle Disposition des einzelnen Mitarbeiters für das Ausmass der intensitätsmässigen Wirkung massgebend (zBsp: Freizeitbeschäftigung, Verkehrssituation).

Es stellt sich nun die Frage, wie diese intensitätsmässige Anpassung in der Investitionsrechnung berücksichtigt werden kann. Dabei sind folgende Möglichkeiten denkbar:

- Meistens wird bei gleichbleibenden Personalkosten ein höherer Ertrag zu erwarten sein, d.h. es wird mengenmässig weniger Ausschuss produziert. Diese Mehrleistung ist in der Rechnung allerdings nur soweit zu berücksichtigen, als sie voraussichtlich auch abgesetzt werden kann.

- Eventuell in Kombination mit anderen Wirkungen können die Stellenanzahl und somit die Personalkosten reduziert werden.

- Eventuell kann eine Verminderung der Personalkosten infolge Reduktion der Ueberstunden erreicht werden.

Ueber das mögliche Ausmass dieser Wirkung geben verschiedene Erfahrungsberichte Aufschluss, die Werte zwischen 0 und 5% Arbeitsproduktivitätszunahme verzeichnen [zBsp: Haller 1]. Unter Berücksichtigung der genannten Einflussfaktoren dürfte eine situationsbezogene Abschätzung der Wirkung durchaus möglich sein, falls nicht in einem Pilotversuch entsprechende Richtwerte erarbeitet werden können. Dabei ist allerdings darauf zu achten, dass Intensitätssteigerungen meistens mit einer gewissen zeitlichen Verzögerung einsetzen.

- Reduktion der Fehlzeiten:

Als Fehlzeit wird im allgemeinen die Nichterfüllung vertraglich vereinbarter Arbeitszeiten aus persönlichen Gründen bezeichnet. Dazu gehören Abwesenheiten infolge Krankheit, Unfall und weiterer Gründe. Empirisch lassen sich Fehlzeiten auf verschiedene Ursachen zurückführen, vor allem auch auf die Arbeitszeitregelung, das Betriebsklima und das Vorgesetztenverhalten [Nieder]. Weiter haben Untersuchungen enge Zusammenhänge zwischen Arbeitszufriedenheit und Gesundheit festgestellt [Ott]. Bei der Abkehr von starrer Arbeitszeit kommt noch die Verlagerung des "Pünktlichkeitsrisikos" auf den Arbeitnehmer hinzu; d.h. dass Arbeitszeitverluste auf Kosten des Arbeitgebers infolge Unpünktlichkeit kaum mehr möglich sind. Mit der Einführung von insbesondere kurzfristig flexiblen Arbeitszeiten darf daher mit einer Abnahme von

. Kurzzeiterkrankungen (Erfahrungsgemäss grösster Anteil der Fehlzeiten infolge Krankheit; bis zu 80% aller Fehlzeiten)

. Registrierter Fehlzeiten (Besuch einer Behörde oder des Arztes, Stellenbewerbung)

. Nicht registrierter Fehlzeiten (Unpünktlichkeit, kurze Abwesenheiten)

gerechnet werden.

Dieser Sachverhalt kann in der Investitionsrechnung wie folgt berücksichtigt werden:

. Verminderung der Personalkosten (weniger Stellvertretungen und Aushilfen, Reduktion nicht versicherter Lohnfortzahlungskosten)

. Erhöhung des Ertrages bei bislang nicht durch Aushilfen aufgefangenen Fehlzeiten

Das Ausmass der Wirkung hängt primär von der bestehenden Höhe der Fehlzeiten ab, die durchschnittlich kaum 10% erreicht [Salowsky], in Einzelfällen aber auch wesentlich höher sein kann. Bei einer Fehlzeitenquote von weniger als 10% darf, sofern keine genaueren Werte vorliegen, mit einer Reduktion bis zu 40% des bestehenden Wertes gerechnet werden [Rahm]. Einer hohen Fehlzeitenquote liegen mit Sicherheit noch weitere Ursachen zugrunde, die gezielt analysiert und mit Massnahmen reduziert werden sollten (Literatur dazu zBsp: [Gieffers/Pohen]).

- Reduktion der Personalfluktuation:

Der Begriff der Fluktuation wird je nach Verwendungszweck unterschiedlich weit gefasst. In der weitesten Fassung wird der Durchschnitt von Ein- und Austritten auf den Personalbestand bezogen, worin dann Schwankungen des Personalbestandes berücksichtigt sind. Vorherrschend ist allerdings ein engerer Begriff, der sich auf die Abgänge an Personal beschränkt. Der Personalabgang kann dabei folgende Ursachen haben [Thommen]:

. Kündigung durch Arbeitgeber (ca. 8%)
. Kündigung durch Arbeitnehmer (ca. 80%)
. Weitere Gründe: Pensionierung, Invalidität, Tod, usw. (ca. 12%)

Im vorliegenden Fall interessieren diejenigen Abgänge, die eine Neueinstellung zur Folge haben. Wesentlich ist, dass die Neueinstellung eines Arbeitnehmers Investitionscharakter aufweist, da ein Aufwand entsteht (zBsp: Beschaffung, Ausbildung, Kapazitätsausfälle), der zukünftige Einnahmen auslösen bzw. Ausgaben mindern soll [Streim]. Ein Abgang ist demzufolge als Desinvestitionsvorgang zu betrachten.

Zur Abschätzung der möglichen Kosteneinsparungen durch eine Verminderung der Fluktuation sind folgende Werte zu erarbeiten:

. Kosten eines Fluktuationsfalles
. mögliche Reduktion der Fluktuationsrate

Daraus lässt sich die in der Investitionsrechnung zu berücksichtigende Kosteneinsparung errechnen.

In der Praxis bestehen viele Methoden zur Kostenberechung eines Fluktuationsfalles. Je nach der Anzahl der berücksichtigten Kostenelemente, der Kapitalintensität der Betriebsmittel im Arbeitssystem, der Komplexität der Stellenaufgabe, usw. werden in der Literatur folgende Resultate genannt:

. einfachere Arbeit, wenig kapitalintensive Stelle:	2 - 3 Monatslöhne
. komplexere Arbeit, kapitalintensive Stelle:	2 - 6 Monatslöhne
. kapitalintensive Stelle:	6 -12 Monatslöhne
. Führungskräfte:	-18 Monatslöhne

Bei der Abschätzung einer möglichen Abnahme der Fluktuationsrate ist eine Normalfluktuation infolge Altersaustritten, Invalidität, Tod, Produktivitäts- und Strukturveränderungen zu berücksichtigen, die bei wirtschaftlicher Stagnation in einem schweizerischen Industriebetrieb ca. 8 bis 10% beträgt [Thommen]. Situationsspezifisch sind aber mögliche Abweichungen zu untersuchen. Ausgehend von der Differenz der Ist-Fluktuation zur Normalfluktuation ist eine Reduktion der Fluktuationsrate infolge der Einführung flexibler Arbeitszeiten abzuschätzen.

Erwähnenswert ist die Tatsache, dass eine gewisse Fluktuation gelegentlich auch Vorteile aufweist, denen aber im Vergleich zu den Nachteilen nur geringe Bedeutung zukommt; wie zBsp:

. Verringerung der Betriebsblindheit
. Erleichterung des richtigen Personaleinsatzes

- Erhöhung der Flexibilität der personellen Kapazität:

Das Ziel einer Erhöhung der Flexibilität der personellen Kapazität ist eine verbesserte Koordination der Arbeitszeit mit dem Arbeitsanfall. Bei starrer Arbeitszeit ist eine quantitative Anpassung der Kapazität nach oben nur durch Anordnung von Ueberstunden oder eine Vergrösserung des Personalbestandes und nach unten durch Kurzarbeit und eine Verminderung des Personalbestandes möglich. Alle genannten Massnahmen werden durch den Betrieb angeordnet. Bei flexibler Arbeitszeit ist eine zusätzliche quantitative Anpassungsmöglichkeit, die auf die Initiative des einzelnen Mitarbeiters zurückgeht, vorhanden. Dies geschieht durch kurzfristig realisierbare Sollzeitverschiebungen durch den Arbeitnehmer.

Die sich daraus ergebenden Vorteile wie

. eine Reduktion der zuschlagspflichtigen Ueberstunden und
. eine mögliche Verkleinerung des durchschnittlichen Personalbestandes

können in der Investitionsrechnung als Minderaufwand berücksichtigt werden.

Wie weit diese Vorteile realisiert werden können, hängt einerseits vom Ausmass der Schwankungen des Arbeitsanfalles und andererseits von der Bereitschaft der Mitarbeiter ab, auf entsprechende Gegebenheiten Rücksicht zu nehmen. Bei regelmässig wiederkehrenden Schwankungen (zBsp. saisonale Einflüsse) ist auch die Möglichkeit einer vertraglichen Festlegung der Anpassung der Arbeitszeit in gewissen Zeiträumen denkbar.

2. BEURTEILUNG DER QUALITATIV ERFASSBAREN BETRIEBLICHEN WIRKUNGEN

Um die qualitativ erfassbaren Wirkungen in eine Beurteilung miteinbeziehen zu können, sind sie genauer zu definieren und in ihren möglichen Ausprägungen aufzuzeigen. Zudem soll eine Beurteilung in bezug auf den Nutzen einer Ausprägung ermöglicht werden.

Dabei ist zu beachten, dass der Wert der Beurteilung primär in der Erhöhung der Problemtransparenz und der Möglichkeit einer Einschätzung der Wirkungen liegt. Der Genauigkeit der Beurteilung kommt erst eine sekundäre Bedeutung zu.

2.1 Flexibilität betrieblicher Güter und Strukturen

Die betriebliche Flexibilität stellt ein Potential dar, das zeigt, in welchem Ausmass und in welcher Zeit sich ein Betrieb verändern kann. Die Flexibilität beinhaltet nicht nur die Fähigkeit auf Störgrössen schnell und geeignet zu reagieren, sondern dient darüber hinaus der Erweiterung des Handlungsspielraumes. Dies ermöglicht einem Betrieb, nicht nur reaktiv, sondern aktiv Veränderungen zur Erhaltung oder Verbesserung seiner Produktivität durchzuführen.

Die Bereitstellung, Erhaltung wie auch die Nutzung der Flexibilität verursacht einen Aufwand. Es soll also nicht eine maximal mögliche, sondern eine wirtschaftlich vertretbare Flexibilität angestrebt werden.

Für jene Güter und Betriebsbereiche, für die eine Spezialisierung wirtschaftlich nicht vertretbar ist (zBsp: infolge zu geringer Auslastung), ist die Ausrichtung auf Flexibilität eine alternative Massnahme zur technischen Produktivitätssteigerung.

Das Wesen der betrieblichen Flexibilität kann durch die folgenden Parameter erfasst werden [Pauli]:

1. Träger: Objekt/Bereich, dem die Flexibilität zugeordnet wird

2. Wirkung: Die Bereitstellung wie auch die Nutzung der Flexibilität hat eine bestimmte Wirkung.

3. Aufwand: Die Massnahmen zur Erreichung der Flexibilität verursachen einen gewissen Aufwand.

4. Nutzen: Soweit die Wirkung der Flexibilität die ihrem Träger eigenen Ziele unterstützt, ergibt sich ein Nutzen.

Zur Charakterisierung der **Träger** der Flexibilität existieren verschiedene Ansätze. Für den vorliegenden Zweck ist die folgende Gliederung geeignet [Eversheim]:

. Planung
. Produktion: Personal, Betriebsmittel
. Produkt

Eine flexible **Planung** ist Voraussetzung für die Nutzung des betrieblichen Potentials und dessen Flexibilität. "Die allmähliche Erhöhung der Flexibilität des Planungsbereiches, beispielsweise durch Ablaufanalysen oder die Einführung von Klassifizierungssystemen, ist in der Regel erst das Instrumentarium, mit dem sich eine gezielte Erhöhung der Flexibilität des betrieblichen Potentials verwirklichen lässt" [Eversheim].

Die Flexibilität eines **Betriebsmittels** kann quantitativer oder qualitativer Art sein. Ein Betriebsmittel ist in bezug auf eine bestimmte Leistungsart quantitativ umso flexibler, je flacher der Verlauf der Kostenkurve und je grösser sein Kapazitätsbereich ist [Horsmann]:

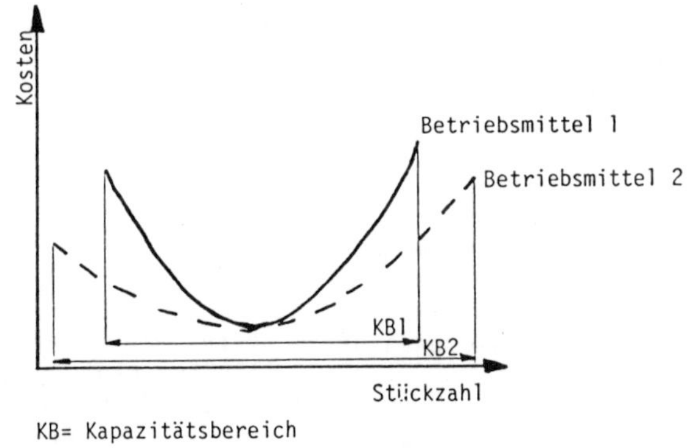

Abb. A4.4: Die quantitative Flexibilität eines Betriebsmittels

Die qualitative Flexibilität eines Betriebsmittels ist Ausdruck für die Variationsbreite seiner Leistungsarten (zBsp: Spezial- / Universalmaschinen).

Ebenso kann auch beim **Personal** eine quantitative oder qualitative Flexibilität vorliegen. Eine quantitative Flexibilität kann durch Variation von Arbeitszeitmenge und Intensität der Arbeit gegeben sein. Unter einer qualitativen Flexibilität ist die Verwendungseignung für verschiedene Tätigkeiten zu verstehen.

Unter einer **produktseitigen** Flexibilisierung soll die Verwendbarkeit der Produkte bzw. des Produktionsprogrammes verstanden werden. Mögliche Bestimmungsparameter sind zBsp. der Umfang des Produktionsprogrammes und der Grad der Standardisierung von Bauteilen und Produkten.

Die **Wirkungen** einer Flexibilisierung lassen sich nur längerfristig richtig beurteilen. So können Flexibilitätskriterien kurzfristig wertlos erscheinen, längerfristig jedoch existentiell produktivitätsrelevant sein. In bezug auf das Systemverhalten können die Wirkungen einer Flexibilität wie folgt unterteilt werden [Pauli]:

. ortsbezogen:	Oertliche Aenderungsmöglichkeiten, zBsp: örtliche Verschiebung des Fertigungsprozesses, örtliche Marktverschiebungen
. qualitativ:	Aenderungen eines Transformationsprozesses
. quantitativ:	Mengenänderungen in einem Transformationsprozess
. zeitlich:	Aenderung der zeitlichen Verfügbarkeit des Transformationsprozesses

Der **Aufwand** der Flexibilität wird durch die Massnahmen bestimmt, deren Aufwand in der Investitionsrechnung berücksichtigt wird.

Ziel dieses Abschnittes ist es, den **Nutzen** einer geänderten Flexibilität situationsspezifisch erfassen zu können. Wie eingangs aufgezeigt wurde, ist der Nutzen der Massnahmen je Arbeitszeitmodell, die eine Veränderung der Flexibilität zur Folge haben, im Zusammenhang mit der benötigten, d.h. wirtschaftlich vertretbaren Flexibilität zu beurteilen. Der Nutzen der Flexibilität der verschiedenen Bereiche für einen Betrieb kann durch eine **Gewichtung** der verschiedenen Flexibilitätswirkungen berücksichtigt werden. Eine Hilfe bei der Gewichtung kann die Beantwortung der Frage nach der Bedeutung der Flexibilitätsbereiche für die verschiedenen relevanten Störgrössen des betrachteten Betriebes sein. Daraus kann nun folgende Systematik zur Nutzenbeurteilung hergeleitet werden:

1. Die Arbeitszeitmodelle werden bezüglich ihrer Wirkung auf die verschiedenen Flexibilitätsträger untersucht.

2. Daraus können pro Flexibilitätsbereich die Wirkungen der Massnahmen je Arbeitszeitmodell beurteilt werden.

3. Der Gesamtnutzen kann durch eine gewichtete Summenbildung über alle Bereiche und Einflussgrössen bestimmt werden.

4. Diese Nutzenbeurteilung ist für jede Arbeitszeit-Konzeptvariante mit ihren zugehörigen Massnahmen durchzuführen.

MASSNAHMEN:	**FLEXIBILITAETSBEREICHE:**			
	PLANUNG	PRODUKTION Betriebsm.	PRODUKTION Personal	PRODUKT
Massnahme 1				
Massnahme 2				
Massnahme 3				
...				
Summe Nutzen pro Bereich				
GESAMTNUTZEN:				

Abb. A4.5: Systematische Nutzenbeurteilung einer Veränderung der Flexibilität

Die Beurteilung der Wirkungen erfolgt dabei möglichst einfach anhand einer subjektiven Skala mit grosser Trennschärfe:

gross -3	mittel -2	klein -1	irrelev. 0	klein +1	mittel +2	gross +3

Verkleinerung | Vergrösserung

der Flexibilität infolge der Massnahmen

Damit lassen sich nun die Wirkungen der Massnahmen zur Erhöhung der individuellen zeitlichen Flexibilität bezüglich der gesamtbetrieblichen Flexibiliät abschätzen. Dieser subjektiv geschätzte Nutzen kann in der Gesamtbeurteilung weiterverwendet werden.

2.2 Innovationsfähigkeit (Kreativität und technologisches Potential)

Als Innovation verstehen wir alle Neuerungen in einem Betrieb, die geeignet sind, seine Wettbewerbsfähigkeit zu verbessern. Dabei sind neben den meistens im Vordergrund stehenden Neuerungen in den Bereichen der Produkte und Produktionsprozesse auch diejenigen der übrigen betrieblichen Bereiche, wie zBsp. Organisation, Beschaffung und Absatz relevant [Nydegger].

Die betriebliche Innovationsfähigkeit wie auch die Flexibilität bilden die Grundlage, die langfristig die Produktivität weitgehend bestimmen. Die Beurteilung der Innovationsfähigkeit hat daher nicht aufgrund der unmittelbar zu erbringenden Resultate, sondern aufgrund des langfristigen Beitrages an ökonomische Entwicklungen zu erfolgen.

Neue Ideen können nur von Menschen generiert und realisiert werden. Darum sind die menschlichen Eigenschaften **Kreativität** und **Innovationsbereitschaft** von grosser Bedeutung für die Innovationsfähigkeit eines Betriebes. Das **technologische Potential** bildet dabei die Basis, auf der Innovationsaufgaben wahrgenommen werden können.

Je grösser der Neuigkeitsgrad gewählt wird, desto komplexer wird der Innovationsprozess, was den Unsicherheitsfaktor einer Voraussage vergrössert. Somit steigt das einzugehende Risiko sowie eine mögliche Konfliktsituation des Betriebes.

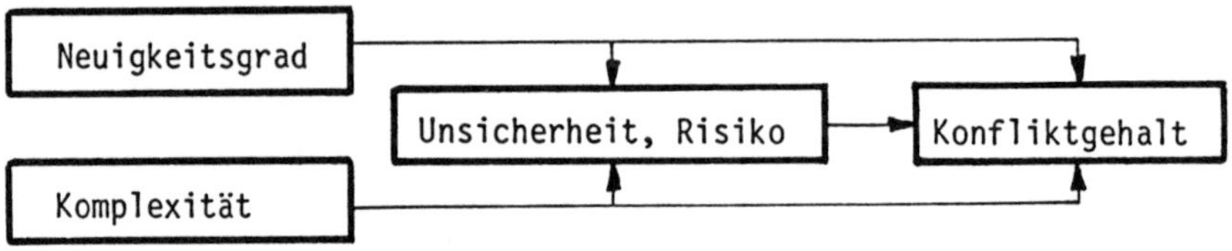

Abb. A4.6: Merkmale von Innovationsaufgaben

Nachstehend sollen verschiedene Arten betrieblicher Innovationen aufgezeigt werden, um einen Raster zur Wirkungsbeurteilung der Massnahmen zu erhalten. Als Kriterium der Typisierung wird das Innovationsobjekt gewählt, da für unterschiedliche Objekte unterschiedliche Methoden der Effizienzmessung gewählt werden müssen [Thom].

. Produktinnovationen: Eine Produktinnovation liegt vor, wenn ein Produkt (materieller oder inmaterieller Art) auf den Markt gebracht wird, das bisher nicht im Produktionsprogramm dieses Betriebes enthalten war.

. Verfahrensinnovationen: Durch diese wird der betriebliche Transformationsprozess betroffen. Verfahrensinnovationen sind geplante erstmalige Anwendungen neuen Wissens bei der Leistungserstellung (zBsp: neue Verfahren in der Ablauforganisation, Einsatz neuer Maschinen mit höherem Technisierungsgrad). Diese Anwendungen führen zu einer Leistungs- oder Qualitätssteigerung.

. Sozialinnovationen: Diese betreffen die Leistungsfähigkeit und Leistungsbereitschaft des Menschen in betrieblichen Aufgabenbereichen. Durch Sozialinnovationen soll die qualitative Kapazität der Mitarbeiter verbessert werden. Darunter wird die Art und Güte des Leistungsvermögens verstanden (zBsp: Ausbildungsstand, Grad der Motivation und Zufriedenheit).

Zwischen den genannten Innovationsarten bestehen in konkreten Situationen meistens Interdependenzen wie zBsp. die Tatsache, dass häufig Sozial- und Verfahrensinnovationen einer Produktinnovation vorauszusetzen sind (Anpassung von Ausbildungsstand und Technologie als Voraussetzung für die Gestaltung neuer Produkte).

Die folgende Abbildung zeigt die Ergebnisse einer Untersuchung zum Zusammenhang zwischen Innovationsarten und damit verfolgten Unternehmungszielen:

Innovationsarten	Verfolgte Unternehmungsziele
Produktinnovationen	Gewinn verbessern, Marktanteil verbessern, Wachstum, Kundenpflege, Unabhängigkeit, Prestige
Verfahrensinnovationen	Gewinn (durch Produktivitätssteigerung), Sicherheit (im Sinne der Arbeitsplatzsicherheit)
Sozialinnovationen	Soziale Verantwortung gegenüber der Belegschaft und der Gesellschaft, Prestige, Unabhägigkeit (von externen Aus- und Weiterbildungsinstitutionen)

Abb. A4.7: Innovationsbemühungen und Unternehmungsziele [Thom]

Um die Wirksamkeit von Massnahmen bezüglich der Innovationsfähigkeit aufzuzeigen, sind die Massnahmen mittels **Effizienzkriterien** von Innovationsprozessen zu beurteilen. Als globale Effizienzkriterien werden definiert [Thom]:

- Akzeptanz: Das entscheidende Kriterium ist die Annahme der Innovation durch den Betroffenen. Dieser kann sich innerhalb des Betriebes (Sozial- und Verfahrensinnovation) oder ausserhalb (Produktinnovation) befinden. Eine Beurteilung bezüglich diesem Kriterium ist meist erst nach abgeschlossener Innovation möglich, weshalb noch weitere Kriterien beizuziehen sind.

- Zeitliche Effizienz: Einerseits ist eine Zeitersparnis in einem Innovationsprozess meistens mit relevanten Vorteilen verbunden (zBsp: vorteilhaftere Marktposition, früherer Nutzen eines neuen Verfahrens). Andererseits kann nicht eine vorbehaltlose Minimierung der Innovationsprozessdauer angestrebt werden, da dadurch in vielen Fällen die Innovation selber verunmöglicht wird. Dies ist vor allem bei Sozialinnovationen zu beachten (zBsp: Hemmung der Kreativität durch kurzfristigen Erfolgsdruck, Reduktion der Akzeptanz durch Ueberforderung der Mitarbeiter). Dieser Sachverhalt ist bei der Beurteilung der Massnahmen bezüglich ihrer zeitlichen Effizienz zu berücksichtigen.

- Sachbezogene Effizienz: Je mehr Lösungsalternativen in den Entscheidungsprozess einbezogen und je besser die Konsequenzen der Alternativen vorausgesagt werden können, desto effizienter ist der Innovationsprozess. Diese sachbezogene Effizienz, die um der Maximierung der künftigen Produktivität willen angestrebt werden sollte, befindet sich in Zielkonkurrenz zur zeitlichen Effizienz.

- Soziale Effizienz: Die soziale Effizienz strebt eine Minimierung der personenbezogenen Konflikte an. Diese Minimierung dient einerseits dem Gruppenzusammenhalt, der Zielidentität und Zufriedenheit innerhalb einer Gruppe und bildet damit eine wichtige Voraussetzung für die Kreativität und Innovationsbereitschaft der Mitarbeiter. Andererseits wird auch die zeitliche Effizienz und die Akzeptanz durch die soziale Effizienz positiv beeinflusst.

Damit lässt sich nun folgende Systematik der Nutzenbeurteilung der Massnahmen bezüglich der Innovationsfähigkeit herleiten:

1. Die Massnahmen werden bezüglich ihrem Nutzen mittels Effizienzkriterien pro Innovationsart beurteilt.

2. Durch die Zusammenfassung der Teilnutzen lässt sich ein Gesamtnutzen aller Massnahmen ermitteln.

3. Diese Nutzenbeurteilung ist für jede Arbeitszeit-Konzeptvariante mit ihren zugehörigen Massnahmen durchzuführen.

MASSNAHMEN:	INNOVATIONSARTEN:											
	Produktinnov.				Verfahrensinnov.				Sozialinnov.			
	Effiz.krit.				Effiz.krit.				Effiz.krit.			
	1	2	3	4	1	2	3	4	1	2	3	4
Massnahme 1												
Massnahme 2												
Massnahme 3												
...												
Summe Nutzen pro Kriterium und Art:												
Summe Nutzen pro Art:												
GESAMTNUTZEN:												

Abb. A4.8: Systematische Nutzenbeurteilung einer Erhöhung der Innovationsbereitschaft

Die Beurteilung erfolgt dabei wieder anhand einer subjektiven Skala:

gross	mittel	klein	irrelev.	klein	mittel	gross
-3	-2	-1	0	+1	+2	+3

Verminderung | Vergrösserung

der Effizienz

Der daraus resultierende, subjektiv geschätzte Nutzen kann in einer Gesamtbeurteilung weiterverwendet werden.

Anmerkung: Liegen situationsspezifisch relevante Bedeutungsunterschiede zwischen den verschiedenen Innovationsarten vor, so können diese durch eine entsprechende Gewichtung berücksichtigt werden.

3. BEITRAG ZUR HUMANISIERUNG DER ARBEIT

Mit der Einführung flexibler Arbeitszeiten werden aber auch und vielfach sogar an erster Stelle, Ziele verfolgt, die sich nicht auf den Betrieb, sondern auf den Menschen im Betrieb beziehen. Das bedeutet, dass an erster Stelle ein Beitrag zur Humanisierung der Arbeit gesucht wird und eine Erhöhung der Wirtschaftlichkeit, Flexiblilität und Innovationsfähigkeit als Ziel in den Hintergrund tritt.

Wie weitgehend diese individuumbezogenen Wirkungen bei der Gesamtbeurteilung berücksichtigt werden, hängt davon ab, wie weit der Zielbereich der Humanisierung der Arbeit in das betriebliche Zielsystem integriert ist. Man kann zBsp. davon ausgehen, "... dass alle Werte von der Person (und nicht von der Sache) ausgehen und die Person nicht nur Wertquelle, sondern auch Wertmassstab und Wertziel sei" [Stähle: Organisation]. Aus dieser ethischen Grundhaltung ergibt sich die Schlussfolgerung, dass die humanitären Wirkungen in der Gesamtbeurteilung als massgebender Bestandteil zu berücksichtigen sind. Schlussendlich hat aber jeder Betrieb individuell festzulegen, welcher Stellenwert den humanitären Zielen im betrieblichen Zielsystem zukommt.

Als Basis für eine situationsspezifische Beurteilung der Massnahmen in bezug auf ihren Beitrag zur Humanisierung der Arbeit sind Zielvorstellungen und daraus abgeleitete Kriterien aufzuzeigen. Die Ziele der Humanisierung der Arbeit sind je nach Autor stark unterschiedlich formuliert [Gaugler/Kolb/Ling], da verschiedene Motive, die zum Teil auch gesellschaftspolitische Bereiche tangieren, vorliegen. Für den vorliegenden Fall sollen jedoch nur direkt personen- oder gruppenbezogene Kriterien als relevant betrachtet werden, da die zur Diskussion stehenden Massnahmen kaum überbetriebliche Ziele verfolgen.

Als Ziel der Humanisierung der Arbeit kann die Anpassung der Arbeit an physiologische und psychologische Gegebenheiten des Menschen bezeichnet werden [Grandjean]. Im Vordergrund stehen demnach in der Literatur auch folgende Zielbereiche und daraus abgeleitete Beurteilungskriterien:

. Selbstverwirklichung:
- Grad der Selbstbestimmung
- Grad der Anpassung des Handlungsspielraumes an die Fähigkeiten (zur Verhinderung einer Ueber- oder Unterforderung)
- Grad der Zufriedenheit
- Ausmass der Motivation

. Optimale physiologische Arbeitsbedingungen:
- Grad der physiologischen Anpassung des Arbeitsplatzes (Arbeitsmethoden und -mittel, Schutz vor Schädigungen der Gesundheit, usw.)
- Grad der physiologischen Anpassung der Arbeitsumgebung (Licht, Klima, Lärm, Schutz vor Schädigungen der Gesundheit, usw.)

Diese Kriterien sind nicht absolut überschneidungsfrei definiert. In erster Linie wurde auf deren Verständlichkeit und inhaltliche Vollständigkeit geachtet, was einer Beurteilung ohne allzu grossen Aufwand dienen soll.

Die Massnahmen zur Flexibilisierung der Arbeitszeit können nun bezüglich ihrem Beitrag zur Humanisierung der Arbeit beurteilt werden. Eine Beurteilung ist auch in diesem Fall nur subjektiv möglich und dient primär der Erhöhung der Transparenz der Wirkungen. Hilfreich dazu kann die Zusammenstellung humanwissenschaftlicher Aspekte flexibler Arbeitszeiten sein.

Vorgehen:

1. Die Massnahmen werden einzeln bezüglich ihrem Nutzen pro Kriterium beurteilt.

2. Durch die Zusammenfassung der Nutzen lässt sich ein Gesamtnutzen der Massnahmen ermitteln.

3. Diese Nutzenbeurteilung ist für jede Arbeitszeit-Konzeptvariante mit ihren zugehörigen Massnahmen durchzuführen.

<table>
<tr><th rowspan="3">MASSNAHMEN:</th><th colspan="6">ZIELE EINER HUMANISIERUNG DER ARBEIT:</th></tr>
<tr><th colspan="4">Selbstverwirklichung</th><th colspan="2">Physiologische Arbeitsgestalt.</th></tr>
<tr><th>Selbst-best.</th><th>Handl.-spielr.</th><th>Zufrie-denheit</th><th>Motiva-tion</th><th>Arbeits-platz</th><th>Arbeits-umgebung</th></tr>
<tr><td>Massnahme 1
Massnahme 2
Massnahme 3
...</td><td></td><td></td><td></td><td></td><td></td><td></td></tr>
<tr><td>Summe Nutzen pro Kriterium:</td><td></td><td></td><td></td><td></td><td></td><td></td></tr>
<tr><td>Summe Nutzen pro Ziel:</td><td colspan="4"></td><td colspan="2">x 2 = [1)]</td></tr>
<tr><td>GESAMTNUTZEN:</td><td colspan="6"></td></tr>
</table>

Abb. A4.9: Systematische Beurteilung des Beitrages zur Humanisierung der Arbeit

Die Beurteilung erfolgt wieder anhand einer subjektiven Skala:

gross -3	mittel -2	klein -1	irrelev. 0	klein +1	mittel +2	gross +3

Verminderung   Vergrösserung

des Nutzens

Anmerkungen: 1) Da einerseits zur Bestimmung des Gesamtnutzens der physiologischen Komponente mindestens die gleiche Bedeutung zukommt wie der psychologischen, andererseits diese aber durch weniger Kriterien bestimmt ist, ist der physiologische Nutzen entsprechend zu gewichten.

2) Liegen im weiteren situationsspezifisch relevante Bedeutungsunterschiede zwischen den verschiedenen Kriterien vor, so können diese durch eine entsprechende Gewichtung berücksichtigt werden.

Vertiefung V

Durchführung der Gesamtbeurteilung einer Arbeitszeitflexibilisierung

Als Bestandteile einer Gesamtbeurteilung liegen gemäss Vertiefung 4 Aussagen zu den Teilzielen der gesamtbetrieblichen Produktivität vor, die da sind:

. Wirtschaftlichkeit (Kennzahlen aus der Investitionsrechnung)
. Flexibilität (Nutzen bezüglich der Flexibilität betrieblicher Strukturen)
. Innovationsfähigkeit (Nutzen bezüglich der betrieblichen Innovationsfähigkeit)

Auch wird eine Aussage zum Nutzen bezüglich der Humanisierung der Arbeit gemacht.

Alle Bestandteile weisen inhaltlich unterschiedliche Wertmassstäbe auf, wie zBsp. monetäre Werte (Gewinn- und Kostenvergleich), Zeitwerte, (Pay-Back-Dauer) und subjektive Nutzwerte mit je unterschiedlichem Massstab.

Im weiteren basieren die verschiedenen Bestandteile in unterschiedlichem Ausmass auf subjektiven Schätzungen. Auch weisen sie je nach Situation eine unterschiedliche relative Bedeutung auf, zBsp. kann je nach Stellenwert der humanitären Ziele der relative Nutzen bezüglich der Humanisierung der Arbeit vernachlässigbar oder sogar sehr gross sein.

1. ENTSCHEIDUNGSVERFAHREN

Im Entscheidungsprozess kann zwischen Entscheidungsvorbereitung und Entschluss unterschieden werden. Da im vorliegenden Fall eine Entscheidungssituation mit grossem Neuheitsgrad und beträchtlicher Reichweite vorliegt, ist eine methodisch unterstützte Entscheidung anzustreben.

Im folgenden ist das Entscheidungsverfahren festzulegen. Der Entscheidungsprozess kann wie folgt strukturiert werden [Büchel 1]:

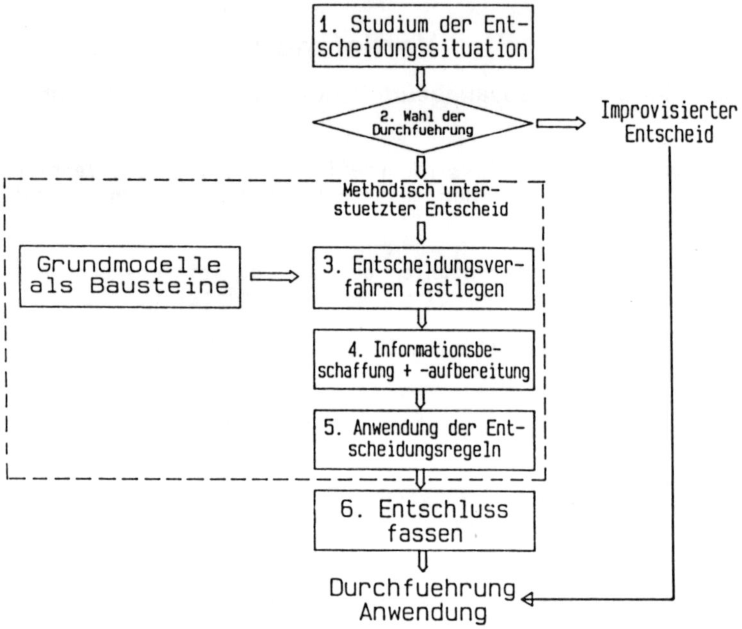

Abb. A5.1: Ablauf von Entscheidungsvorbereitung und Entschluss

Häufig sind die Ausprägungen nicht verhältnisskaliert messbar. Man kann jedoch einen Gesamtwert ermitteln dank einer **subjektiven Gewichtung** der einzelnen Anforderungen und deren anschliessenden Zusammenfassung. Damit wird die Herleitung einer Rangordnung möglich und der Entscheidungsprozess transparenter. Das Bekannteste und für den vorliegenden Fall auch sehr gut geeignete Verfahren ist die Nutzwertanalyse.

2. NUTZWERTANALYSE

Dieses Verfahren kann durch folgende Vorgehensschritte beschrieben werden:

1. Bezeichnung der zu beurteilenden Varianten (V1, V2...)

2. Festlegung der Beurteilungskriterien aufgrund der Zielsetzung (K1, K2...)

3. Gewichtung der Kriterien aufgrund ihrer Bedeutung (G1, G2...)

4. Subjektive Festlegung der Zielerträge skaliert von -3 bis +3 für die verschiedenen Ausprägungen pro Kriterium (Zielertragsmatrix)

5. Ermittlung der Zielerträge pro Kriterium für die verschiedenen Varianten aufgrund der erstellten Zielertragsmatrix

6. Ermittlung der Nutzwerte pro Variante und Kriterium durch die Multiplikation der Kriteriengewichte mit den Zielbeiträgen

7. Ermittlung des Gesamtnutzens pro Variante durch Addition der Teilnutzen pro Kriterium

Die für den vorliegenden Zweck konkretisierten Zusammenhänge zeigt die folgende Darstellung:

VARIANTEN:

V1: $M_{11}, M_{12}, M_{13}, \ldots$ Kennzahlen

N_{F1}, N_{I1}, N_{H1}

V2: $M_{21}, M_{22}, M_{23}, \ldots$ Kennzahlen

N_{F2}, N_{I2}, N_{H2}

...

KRITERIEN:	KRITERIENGEWICHTE:
K1: Wirtschaftlichkeit	G1
K2: Flexibilität	G2
K3: Innovationsfähigkeit	G3
K4: Humanität	G4
	Summe G1 bis G4 = 100

ZIELERTRAGSMATRIX:

	Zielertrag: -3	-2	-1	0	+1	+2	+3
K1: 1)							
K2:							
K3:							
K4:							

1) Falls sinnvoll, kann bei K1 jede Kennzahl separat beurteilt werden, entsprechend ist auch G1 auf die Kennzahlen von K1 aufzuteilen

NUTZWERTERMITTLUNG:

V1: ZE_{11}, ZE_{12}, ZE_{13}, ZE_{13}

V2: ZE_{21}, ZE_{22}, ZE_{23}, ZE_{24}

...

BEWERTUNGSMATRIX:

Kriterium	Gewicht	Variante 1		Variante 2		Variante X	
		ZE	G x ZE	ZE	G x ZE	ZE	G x ZE
K1	G1	ZE_{11}	$G1xZE_{11}$	ZE_{21}	$G1xZE_{21}$	...	...
K2	G2	ZE_{12}	$G2xZE_{12}$	ZE_{22}	$G1xZE_{22}$	...	...
K3	G3	ZE_{13}	$G3xZE_{13}$	ZE_{23}	$G3xZE_{23}$	...	...
K4	G4	ZE_{14}	$G4xZE_{14}$	ZE_{24}	$G4xZE_{24}$	...	...
Nutzwerte:			NW1		NW2		...
Rang:							

Abkürzungen: M_{xy}: Massnahme y der Variante x

N_{Fx}, N_{Ix}, N_{Hx}: Nutzen der Variante x bezüglich Flexibilität, Innovationsfähigkeit und Humanität

ZE_{xz}: Zielertrag der Variante x bezüglich dem Kriterium z

NW: Nutzwert

Abb. A5.2: Durchführung der Nutzwertanalyse

Anmerkungen: . Die Kennzahlen der Investitionsrechnung sind aus der Differenzbetrachtung zur Ist-Situation zu ermitteln (zBsp. Gewinndifferenz der Variante X zur Ist-Situation).

. Die Zielerträge sind damit so festgelegt, dass eine im Vergleich zur Ist-Situation
  - bessere Zielerfüllung einen Zielertrag 0 ergibt
  - gleiche Zielerfüllung einen Zielertrag 0 ergibt
  - schlechtere Zielerfüllung einen Zielertrag 0 ergibt

. Der Nutzwert der Ist-Situation wird dadurch auf Null festgelegt, womit der Nutzwert einer Variante direkt ihre "Güte" bezüglich der Ist-Situation angibt.

. In der Zielertragsmatrix sind die Kennzahlen- und Nutzenausprägungen in Zielerträge zu transformieren. Diese Transformation wird zur Gewinnung der nötigen Transparenz und Nachvollziehbarkeit mittels sogenannter Nutzenfunktionen durchgeführt, die für das Kriterium "Flexibilität" zBsp. wie folgt definiert werden könnte:

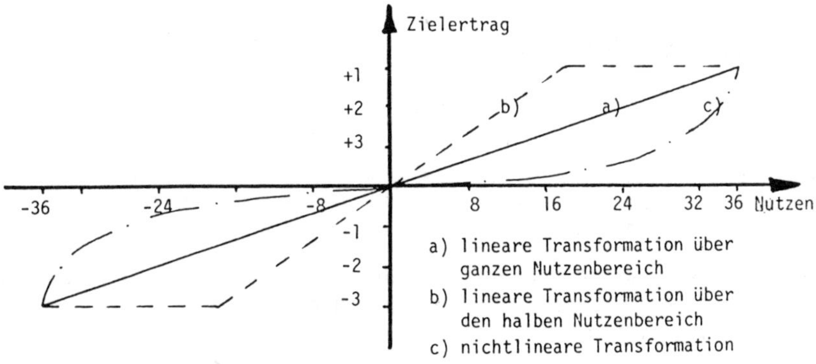

Abb. A5.3: Beispiel einer Nutzenfunktion

Für das konkrete, praktische Vorgehen beim Erstellen einer Nutzwertanalyse wird auf die Beispiele im separaten Teil hingewiesen.

3. SENSITIVITAETSANALYSE

Mittels einer Sensitivitätsanalyse ist die Empfindlichkeit der Rangfolge bezüglich den Veränderungen der subjektiven Elemente des Verfahrens zu überprüfen. Solche aus einer subjektiven Beurteilung resultierenden Elemente sind zBsp:

. Wirkungs- und Nutzenschätzungen der Massnahmen bezüglich Flexibilität, Innovationsfähigkeit und Humanität. Eventuelle Gewichtung dessen Subkriterien.

. Gewichtung der Kriterien K1 bis K4

Die entsprechenden Schätzungen bzw. Gewichtsverteilungen sind in einem zulässigen Rahmen zu variieren und die entsprechenden Konsequenzen auf die Rangfolge zu prüfen. Es muss insbesondere überprüft werden, ob die angewandten Schätzungen und Gewichtungen der tatsächlichen Einstellung der Entscheidungsträger entsprechen.

4. INFORMATIONSBESCHAFFUNG

Jede Entscheidung ist nur so gut, wie die ihr zugrundeliegenden Informationen. Eine Maximierung des Informationsgrades wird wegen der Forderung nach Wirtschaftlichkeit der Informationsbeschaffung nicht angestrebt werden können. Der durch die Gewinnung weiterer Informationen erzielte zusätzliche Nutzen bezüglich der Entscheidungsfolgen sollte grösser als deren zusätzlicher Aufwand sein.

Eine detaillierte Beschreibung der Informationsbeschaffungsverfahren würde den Rahmen dieses Buches sprengen, weshalb im weiteren nicht darauf eingegangen werden soll.

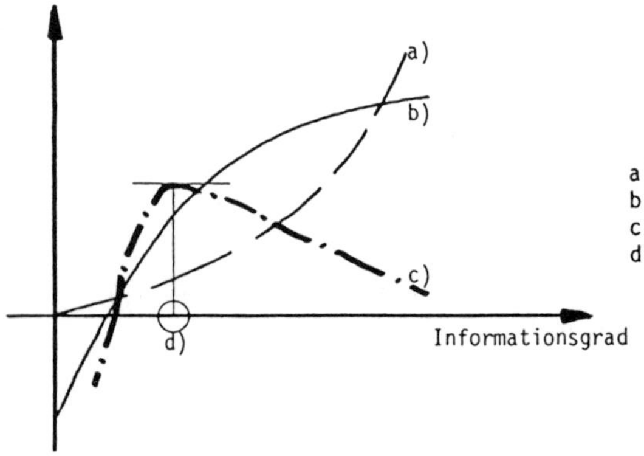

Abb. A5.4: Optimierung des Informationsgrades

Vertiefung VI

Randbedingungen

Die folgenden Zusammenstellungen rechtlicher Gestaltungsfaktoren sind nicht vollständig, sondern enthalten nur die aus unserer Sicht wichtigsten Bestimmungen in der Schweiz.

1. EINFLUESSE AUS DEM ARBEITSSCHUTZRECHT

Massgebend für die Arbeitszeit der Arbeitnehmer **industrieller Betriebe** in der Schweiz sind die Vorschriften des Arbeitsschutzrechtes, die im Arbeitsgesetz [Arbeitsgesetz] vom 13. März 1964 und den dazugehörigen Verordnungen (ArGV) festgehalten sind. Ausgenommen von den Bestimmungen des Arbeitsgesetzes sind in einem industriellen Betrieb lediglich diejenigen Arbeitnehmer, die eine höhere leitende Tätigkeit ausüben und damit über Entscheidungsbefugnis und Verantwortung in wesentlichen Angelegenheiten verfügen (Art. 3 ArG; Art. 7 ArGV1).

Im Zusammenhang mit der Gewährung einer chronometrischen Flexibilität ist die ausdrückliche Gleichstellung der Teilzeitbeschäftigten mit den Vollzeitbeschäftigten von Bedeutung (Art. 1 ArGV1; Art. 319 II OR).

1.1 Die Grenzen der Tagesarbeit

Da in der vorliegenden Arbeit die Nacht- und Schichtarbeit ausgeklammert wurden, sind die Bestimmungen von Art. 10 ArG und Art. 42 ArGV1 massgebend. Diese können wie folgt zusammengefasst werden:

Grenzen im	**Normalfall:**	**Ausnahmefall:** (bewilligungspflichtig)
. Sommer:	5 - 20 h	a) 4 - 22 h b) 5 - 22 h
. Winter:	6 - 20 h	a) 4 - 22 h b) 5 - 22 h
. Samstage und Tage vor Feiertagen:	- 17 h 1)	
. Fünf-Tage-Woche:		a) 4 - 23 h b) 5 - 23 h

Anmerkungen: a) männliche Arbeitnehmer
b) weibliche Arbeitnehmer
1) Arbeitnehmer industrieller Betriebe
. Auch im Ausnahmefall muss die Arbeitszeit innert einem Zeitraum von 14 Stunden liegen.

1.2 Wöchentliche und tägliche Arbeitszeit

Die wöchentliche Höchstarbeitszeit beträgt für die im vorliegenden Fall betrachteten industriellen Betriebe 45 Stunden (Art. 9 ArG). Es ist dies aber keine absolute Höchstgrenze, da sie unter gewissen Voraussetzungen noch verlängert werden kann. Dabei sind folgende Fälle zu unterscheiden:

. Verlängerung der wöchentlichen Höchstarbeitszeit **ohne** Ausgleich durch Freizeit:
  Gemäss Art. 9 ArG kann durch das Bundesamt für Industrie, Gewerbe und Arbeit (BIGA) eine Verlängerung der wöchentlichen Höchstarbeitszeit um maximal vier Stunden bewilligt werden, sofern und solange zwingende Gründe dies rechtfertigen. Diese Bewilligung kann für bestimmte Gruppen von Betrieben oder Arbeitnehmern beantragt werden.

. Verlängerung der wöchentlichen Höchstarbeitszeit **mit** Ausgleich durch Freizeit:
  Gemäss Art. 9 ArG bzw. Art. 37 ArGVl kann die wöchentliche Höchstarbeitszeit um vier Stunden verlängert werden, falls

  a) saisonale Schwankungen des Arbeitsanfalls oder witterungsbedingte Arbeitsausfälle vorliegen und falls die Höchstarbeitszeit im Jahresdurchschnitt nicht überschritten wird.

  b) den Arbeitnehmern innert zwei Wochen wenigstens ein ganzer Werktag freigegeben wird und sofern die Höchstarbeitszeit im Durchschnitt von zwei aufeinanderfolgenden Wochen nicht überschritten wird.

Eine Verlängerung um zwei Stunden kann für Büropersonal, technische und andere Angestellte vorgenommen werden, sofern die Höchstarbeitszeit im Durchschnitt von 12 aufeinanderfolgenden Wochen nicht überschritten wird.

Wird die wöchentliche Arbeitszeit auf **mehr** als fünf Tage verteilt, so ist den Arbeitnehmern jede Woche ein freier Halbtag zu gewähren, mit Ausnahme der Wochen, in die ein arbeitsfreier Tag fällt. Im Einverständnis mit dem Arbeitnehmer darf der Arbeitgeber die wöchentlichen freien Halbtage für vier Wochen zusammenhängend gewähren, falls die Höchstarbeitszeit im Durchschnitt eingehalten wird und pro Woche nicht um mehr als vier Stunden überschritten wird (Art. 21 ArG; Art. 46 ArGVl).

Als Ausgleich von Arbeitszeit, die ausfällt, weil einem Arbeitnehmer auf seinen Wunsch arbeitsfreie Tage oder Stunden gewährt werden, darf die tägliche Arbeitszeit, mit Einschluss der Ueberzeit, um maximal zwei Stunden verlängert werden. Der Ausgleich ist während der dem Ausfall vorangehenden oder folgenden 14 Wochen vorzunehmen, sofern Arbeitgeber und Arbeitnehmer keine längere Frist vereinbart haben, die aber 12 Monate nicht überschreiten darf (Art. 11 ArG; Art. 39 ArGVl). Es können auch weitere Gründe, wie Betriebsstörungen, Betriebsferien, usw. zu einem Ausgleich führen. Wird der Ausgleich an einem arbeitsfreien Tag oder Halbtag vorgenommen , so darf er zwei Stunden überschreiten.

Damit ergeben sich nun die folgenden gesetzliche zulässigen Höchststundenzahlen infolge eines Ausgleichs ausgefallener Arbeitszeit [BIGA 1]; Ausgleich bei:

a) Fünf-Tage-Woche: 45 + (5 x 2Std) = 55 Stunden
b) Fünfeinhalb-Tage-Woche: 45 + (6 x 2) = 57 Stunden
c) Ausdehnung der Fünf- bzw. Fünfeinhalb-Tage-Woche auf Fünfeinhalb- bzw. Sechs-Tage-Woche: 45 + (5 x 2) + 7.5 = 62.5 Stunden
d) Ausdehnung der Fünf-Tage-Woche auf Sechs-Tage-Woche: 45 + (5 x 2) + 13.5 = 68.5 Stunden

Bei weiblichen Arbeitnehmern liegt die zulässige Höchststundenzahl in den Fällen c) und d) tiefer, da die maximale tägliche Arbeitszeit auf 11 Stunden beschränkt ist (Art. 34 ArG).

Bei jugendlichen Arbeitnehmern ergeben sich bedeutend weniger Möglichkeiten des Ausgleichs, da ihre tägliche Arbeitszeit 9 Stunden nicht überschreiten darf (Art. 31, ArG).

1.3 Ueberzeitarbeit, Ueberstunden, Mehrstunden

Als **Ueberzeit** im Sinne des Arbeitsgesetzes gilt diejenige Arbeitszeit, die auf Anordnung des Arbeitgebers über die wöchentliche Höchstarbeitszeit hinaus geleistet wird und weder als Ausgleich ausfallender Arbeitszeit noch als Hilfsarbeit angesehen werden kann (Art. 9, Art. 27 ArG).

Als **Ueberstundenarbeit** im Sinne des Obligationenrechts [OR] gilt diejenige Arbeitsleistung, die ein Arbeitnehmer auf Anordnung des Arbeitgebers über den vertraglich verabredeten oder üblichen oder durch Normal- bzw. Gesamtarbeitsvertrag bestimmten zeitlichen Umfang der Arbeit hinaus leistet (Art. 321c OR).

Während für die Ueberstundenarbeit keine ausdrückliche zeitliche Beschränkung vorliegt, ist die Ueberzeitarbeit auf 260 Stunden pro Jahr beschränkt und ab der 91. Stunde bewilligungspflichtig (bei einer wöchentlichen Höchstarbeitszeit von 45 Sunden; Art. 9, Art. 12 ArG). Ueberzeitarbeit ist nur innerhalb der normalen Tagesgrenzen und an Werktagen zulässig und nur soweit, als die im Arbeitsgesetz vorgeschriebenen täglichen Höchstarbeitszeiten und Mindestruhezeiten nicht über- bzw. unterschritten werden (Art. 40 ArGV1). Wird Ueberzeitarbeit durch Freizeit ausgeglichen, so ist kein Lohnzuschlag zu bezahlen. Der Ausgleich ist innert 14 Wochen vorzunehmen, sofern Arbeitgeber und Arbeitnehmer nicht eine längere Frist vereinbaren, die aber 12 Monate nicht überschreiten darf.

Bei flexibler Arbeitszeit kann der Arbeitnehmer seine Stundenzahl an individuelle und betriebliche Gegebenheiten anpassen. Er kann demzufolge **Mehrstunden** leisten, die zwar Ueberzeitcharakter aufweisen können, aber nicht als solche in Erscheinung treten. Mehrstunden unterscheiden sich von der Ueberzeitarbeit dadurch, dass sie nicht wie die Ueberzeitarbeit direkt oder indirekt durch den Arbeitgeber angeordnet werden [BIGA 1] und nicht zu einer Ueberschreitung der verabredeten Soll-Zeit pro Periode führen.

Auch Ueberstunden sind vorbehältlich anderer schriftlicher Abrede, oder anderen Bestimmungen in Gesamt- oder Normalarbeitsverträgen durch entsprechende Freizeit oder Lohnausgleich abzugelten (Art. 321c OR). Vor allem bei kurz- oder mittelfristiger Arbeitszeitflexibilität drängt es sich auf, exakte Regelungen bezüglich Abgrenzung von Mehrstunden und Ueberstunden und die Abgeltung der Ueberstunden zu erlassen.

Ferner ist zu beachten, dass weibliche Arbeitnehmer, die einen Haushalt mit Familienangehörigen besorgen, nur mit ihrem Einverständnis zu Ueberzeitarbeit herangezogen werden dürfen (Art. 36 ArG).

1.4 Pausen

Nicht als Arbeitszeit gelten die gesetzlich (oder auch vertraglich) festgelegten **Arbeitspausen**, sofern der Arbeitnehmer den Arbeitsplatz verlassen darf (Art. 15, Arbeitsgesetz [Arbeitsgesetz]). Von den Arbeitspausen unterschieden werden die sogenannten **Erholungspausen**, die zusätzlich zu den Arbeitspausen gewährt werden und die den durch die menschliche Konstitution bedingten Leistungsabfall auffangen sollen. Diese werden normalerweise betriebsindividuell festgelegt und gelten im rechtlichen Sinn als Arbeitszeit und werden dementsprechend auch entschädigt. Die Abgrenzung der Arbeitspausen von den Erholungspausen bezieht sich auf die rechtliche Wirkung und ist arbeitsphysiologisch nicht relevant, da auch Arbeitspausen dem Zweck der Erholung dienen.

Des weiteren wird die **nominale Arbeitszeit** von der **effektiven Arbeitszeit** unterschieden. Während die nominale Arbeitszeit mit der Arbeitszeit im rechtlichen Sinn übereinstimmt, werden beim engeren Begriff der effektiven Arbeitszeit alle Pausenzeiten und die Zeit, in der der Arbeitnehmer dem Betrieb sonstwie nicht zur Verfügung steht, (Zeit ausser Einsatz) ausgeschlossen.

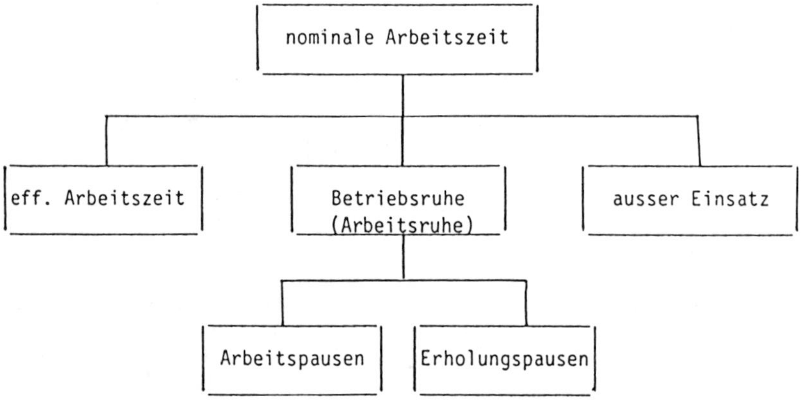

Abb. A6.1: Gliederung der Arbeitszeit (in Anlehnung an [REFA])

Die minimalen Erholungspausen werden im Arbeitsgesetz wie folgt geregelt (Art. 15 ArG):

a) 0.25 Stunden bei einer Arbeitszeit von mehr als 5.5 Stunden pro Tag
b) 0.5 Stunden bei einer Arbeitszeit von mehr als 7 Stunden pro Tag
c) 1 Stunde bei einer Arbeitszeit von mehr als 9 Stunden pro Tag

Diese Regelung bietet vor allem bei kurzfristiger chronometrischer Flexibilität gewisse Schwierigkeiten, ist doch die Dauer der täglichen Arbeitszeit nicht im voraus genau bekannt. Auch der abrupte Uebergang von einer Pause von 0.5 Stunden auf 1 Stunde bewährt sich nicht, da schon einige Minuten Mehrarbeit einen verhältnismässig viel späteren Arbeitsschluss zur Folge haben. Deshalb empfiehlt das BIGA den kantonalen Behörden folgende Regelungen zu tolerieren [BIGA 1]:

. Keine Intervention bei geringfügigen und sporadischen Verletzungen der Pausenvorschriften bzw. unvorhergesehener, freiwilliger Verlängerung der Arbeitszeit.

. 0.5 Stunden bei einer Arbeitszeit bis zu 9.25 Stunden pro Tag
  0.75 Stunden bei einer Arbeitszeit bis zu 9,5 Stunden pro Tag
  1 Stunde Pause bei einer Arbeitszeit von mehr als 9.5 Stunden pro Tag

2. EINFLUESSE AUS DEM KOLLEKTIVEN ARBEITSRECHT

Einflüsse aus dem kollektiven Arbeitsrecht können aus dem für einen bestimmten Betrieb gültigen Gesamtarbeitsvertrag und aus dem Betriebsrecht entstehen. Relevante Teile des Betriebsrechtes bilden dabei die Betriebsordnung und die Bestimmungen über die Mitwirkung der Arbeitnehmer.

2.1 Gesamtarbeitsvertrag (GAV)

Der Gesamtarbeitsvertrag ist ein Vertrag zwischen einzelnen oder mehreren Arbeitgebern oder deren Verbänden und Arbeitnehmerverbänden (Art. 356 Abs. 1 OR). Bestimmungen, die die Arbeitszeit betreffen, werden in einem GAV primär im normativen Teil geregelt. Die Parteien eines GAV können durch die normativen Bestimmungen nur "beteiligte" Arbeitgeber und Arbeitnehmer binden (Art. 357 Abs. 1 OR), also auf der Arbeitnehmerseite nur Mitglieder der vertragsschliessenden juristischen Person (zBsp: Gewerkschaft, Art. 356 Abs. 4 OR) oder Arbeitnehmer, die sich dem GAV angeschlossen haben (Art. 356b OR). Eine Ausnahme davon bilden allgemeinverbindlich erklärte GAV.

Vorschriften eines GAV mit normativer Wirkung sind in der Weise zwingend, dass nur zugunsten der Arbeitnehmer davon abgewichen werden darf (Art. 357 Abs. 2 OR). Es muss also bei der Einführung flexibler Arbeitszeiten darauf geachtet werden, dass diese nicht gegen normative Bestimmungen des GAV verstossen.

Die Arbeitszeit kann durch einen GAV für einen einzelnen Tag oder für eine Woche bestimmt sein. Oft werden auch die Tagesgrenzen und Pausenregelungen umschrieben. Wie weit nun die Grenzen infolge flexibler Arbeitszeiten überschritten werden dürfen, hängt davon ab, ob der GAV dies ausdrücklich oder stillschweigend zulässt [Wyler].

Gesamtvertragliche Vereinbarungen über die Zeiterfassung können in industriellen Betrieben der Realisierung flexibler Arbeitszeiten nicht im Wege stehen, da die zwingenden Vorschriften des öffentlichen Rechts eine Arbeitszeitkontrolle fordern. So kann auch ein Verbot von Stempeluhren einer notwendigen Zeiterfassung nicht entgegenstehen, gibt es doch auch andere Möglichkeiten der Zeiterfassung.

In den meisten GAV sind Bestimmungen über die Arbeitszeit enthalten. Die Frage der Zulassung bzw. des Ausschlusses flexibler Arbeitszeiten wird jedoch vor allem bei älteren GAV nicht und auch bei neueren GAV nur in bezug auf bestimmte Modelle beantwortet (zBsp: Gleitzeit, Teilzeit). Fehlt jeglicher Hinweis, so kann die Zulässigkeit eines Modells flexibler Arbeitszeiten nur durch Auslegung des GAV ermittelt werden. In der Regel gilt in einem solchen Fall einfach die gesetzliche Ordnung, auch wenn kein spezieller Hinweis darauf vorhanden ist.

Schliesst ein GAV die Möglichkeit flexibler Arbeitszeiten aus, so kann auf dem dafür vorgesehenen Weg eine Aenderung des GAV versucht werden.

2.2 Betriebsordnung (BO)

Eine BO ist eine schriftlich festgehaltene Ordnung, durch die für alle Arbeitnehmer oder bestimmte Gruppen von Arbeitnehmern einheitlich geltende Vorschriften zusammengefasst und ihnen zur Kenntnis gebracht werden. Aufstellung, Inhalt und Kontrolle der BO sind im Arbeitsgesetz geregelt (Art. 37 - 39 ArG). Die Aufstellung einer BO ist in industriellen Betrieben obligatorisch und deren Bestimmungen sind für Arbeitgeber wie auch für Arbeitnehmer verbindlich. Von der BO abweichende Einzelabreden sind nur zulässig, wenn sie zugunsten des Arbeitnehmers durchgeführt werden.

Gemäss Art. 38 ArG sollen keine Bestimmungen arbeitsvertraglicher Art in der BO enthalten sein. Der Inhalt einer BO kann wie folgt unterteilt werden:

. Unbedingt obligatorischer Inhalt:
Eine für die Arbeitszeitregelung relevante Vorschrift dieses Teils stellt nur die Verpflichtung dar, durch Anschlag den Stundenplan und die Arbeitszeitbewilligungen bekanntzugeben. Somit ergeben sich daraus keine Hindernisse für die Realisierung einer flexiblen Arbeitszeit.

. Bedingt obligatorischer Inhalt:
Dazu gehören Bestimmungen, die sich je nach Verhältnissen des Betriebes als nötig erweisen, wozu die Regelung der Arbeitszeitkontrolle gehört, die mit einem bestimmten Arbeitszeit-Modell verbunden ist.

. Fakultativer Inhalt:
Dazu gehören vor allem auch Bestimmungen betriebs- und arbeitsorganisatorischer Art, womit insbesondere auch die Regelung der Arbeits- und Ruhezeit gemeint ist. Soweit Arbeitszeitregelungen also nicht Gegenstand eines GAV oder einer anderen kollektiven Vereinbarung sind, können sie in diesem Teil enthalten sein [Wyler].

Der Anstoss zu einer Aenderung der BO kann von Arbeitgeber- wie von Arbeitnehmerseite kommen. Eine Aenderung unterliegt den gleichen Bestimmungen wie die Errichtung einer BO (Erlass des Arbeitgebers oder Vereinbarung zwischen Arbeitgeber und einer von den Arbeitnehmern frei gewählten Vertretung, Art. 37 ArG).

3. EINFLUESSE AUS DEM INDIVIDUELLEN ARBEITSRECHT

Basis des individuellen Arbeitsrechtes bilden die Bestimmungen des Obligationenrechtes (Art. 319 - 362 OR). Die Anwendung der Bestimmungen des OR wird durch Bestimmungen des öffentlichen Rechtes mit privatrechtlicher Auswirkung beeinfusst (Art. 342 OR; zBsp: Arbeitsschutzgesetz, Berufsbildungsgesetz). Für den vorliegenden Fall relevante Einflüsse ergeben sich aus den folgenden Elementen des individuellen Arbeitsrechtes:

. Einzelarbeitsvertrag
. Direktionsrecht

Aus Normalarbeitsverträgen ergeben sich kaum relevante Einflüsse, da diese vor allem Arbeitsverhältnisse, die entweder vom Arbeitsgesetz generell ausgeschlossen sind oder für die in der Arbeitsgesetzverordnung 2 Sonderbestimmungen bestehen, betreffen.

3.1 Einzelarbeitsvertrag

Grundsätzlich gilt für den Einzelarbeitsvertrag die Vertragsfreiheit, die die Abschluss-, Form- und Inhaltsfreiheit beinhaltet. Diese Freiheit wird jedoch, wie bereits erwähnt, durch verschiedene gesetzliche Bestimmungen und die Vorschriften des Arbeitsvertragsrechtes (Art. 319ff OR) eingeschränkt. So besteht zBsp. keine Formfreiheit für spezielle Abreden über die Ueberstundenvergütung bei flexiblen Arbeitszeiten, da diese der Schriftform bedürfen (Art. 321c OR).

Innerhalb der erwähnten Schranken (vor allem des ArG, eines GAV oder der BO) bestehen aber Möglichkeiten, Vereinbarungen über eine flexible Arbeitszeit zu treffen. So kann eine konkrete Arbeitszeitregelung durch Konsens integrierender Bestandteil eines Arbeitsvertrags werden. Auch kann sich der Arbeitgeber gegenüber dem Arbeitnehmer verpflichten, ein Modell flexibler Arbeitszeiten in Zusammenarbeit mit einer Arbeitnehmervertretung des Betriebs neu zu bestimmen. In beiden Fällen verwirkt sich aber der Arbeitgeber das Recht, am Arbeitszeitmodell aufgrund des Direktionsrechtes grundlegende Aenderungen vorzunehmen. Geringfügige Aenderungen des Modells, wie zBsp. eine geringe Aenderung der Flexibilitätsspanne oder der Betriebszeit sind dagegen zulässig.

3.2 Direktionsrecht

Unter dem Direktionsrecht wird das Recht des Arbeitgebers verstanden, Weisungen und Anordnungen zu erlassen. Danach kann der Arbeitgeber oder dessen Stellvertreter "über die Ausführung der Arbeit und das Verhalten der Arbeitnehmer im Betrieb oder Haushalt allgemeine Anordnungen erlassen und ihnen besondere Weisungen erteilen" (Art. 321d Abs. 1 OR). Das Direktionsrecht ermächtigt den Arbeitgeber, die im Arbeitsvertrag versprochenen Leistungen in bezug auf Inhalt, Zeit, Ort und Ausführung zu konkretisieren.

Das Direktionsrecht findet seine Grenzen dort, wo eine Frage schon durch einen anderen rechtlichen Gestaltungsfaktor geregelt ist [Wyler]. Auch ist bei der Ausübung des Direktionsrechtes auf die berechtigten Interessen des Arbeitnehmers Rücksicht zu nehmen (Art. 328 OR).

Es stellt sich nun die Frage, wieweit flexible Arbeitszeiten durch das Direktionsrecht eingeführt werden können:

. Chronometrische Flexibilität:
Falls keine Ermächtigung durch einen Gesamt- oder Einzelarbeitsvertrag vorliegt, darf die Arbeitszeit nicht mittels Direktionsrecht verlängert oder verkürzt werden. Eine kurzfristige chronometrische Flexibilität kann aber durch das Direktionsrecht eingeführt werden, sofern folgende Bedingungen erfüllt sind:

- Durch die mögliche Umverteilung der Arbeitszeit darf der Rahmen nicht überschritten werden, in dem der Arbeitgeber die Lage der Arbeitszeit durch Weisung festlegen kann.

- Mittelfristig darf die durchschnittliche Arbeitszeit nicht von der im Arbeitsvertrag festgelegten abweichen.

Die Einführung einer kurzfristigen chronometrischen Flexibilität ist somit als begrenztes Einverständnis des Arbeitgebers aufzufassen, nach dem der Arbeitnehmer im Rahmen der Flexibilitätsspanne Arbeitszeit ausfallen lassen und kompensieren kann.

. Chronologische Flexibilität:
Der Arbeitgeber darf die Zeit, zu welcher die Arbeit ausgeführt werden soll, im Rahmen von Gesetz und Vertrag durch sein Direktionsrecht ordnen. Er darf in diesem Bereich den Arbeitsbeginn, das Arbeitsende und die Arbeitsunterbrechungen einseitig festlegen. Eine kurzfristige chronologische Flexibilität ist ein Angebot des Arbeitgebers an den Arbeitnehmer, die Lage der täglichen Arbeitszeit innerhalb einer gewissen Flexibilitätsspanne festzulegen, von dem dieser aber keinen Gebrauch machen muss. Eine mittel- bzw. langfristige chronologische Flexibilität ist mit einer kurz- bzw. mittelfristigen chronometrischen Flexibilität verbunden, weshalb die diesbezüglichen Ueberlegungen relevant werden.

Von Bedeutung ist auch die Frage, wann ein Modell flexibler Arbeitszeiten durch das Direktionsrecht vorübergehend ausser Kraft gesetzt werden kann. Dies darf nur bei dringender Notwendigkeit getan werden, also falls die Anordnung von Ueberstunden nicht ausreicht oder aus arbeits- und ablauftechnischen Gründen und bei Arbeiten ausserhalb des Betriebs [Wyler]. Kein Grund sind Schwankungen des Arbeitsanfalls, da diese Vorfälle in den Bereich des Betriebsrisikos fallen.

4. EINFLUESSE AUS DEM SOZIALVERSICHERUNGSRECHT

Die Einflüsse aus dem Sozialversicherungsrecht sind nur in Bezug auf eine mittel- bzw. langfristige chronometrische Flexibilität relevant, da die Lage und Verteilung der Arbeitszeit innerhalb der Grenzen der Tagesarbeit nicht durch Bestimmungen des Sozialversicherungsrechtes beeinflusst wird. Demzufolge ist in diesem Zusammenhang nur die durchschnittliche, vereinbarte Arbeitszeit pro Periode von Bedeutung, die gegenüber der Normalarbeitszeit reduziert ist (zBsp: Teilzeitarbeit).

Im Rahmen der Sozialversicherung sind vor allem die Gesetze über die AHV/IV, die berufliche Vorsorge, die Arbeitslosenversicherung, die Krankenversicherung und die Unfallversicherung zu beachten [BIGA 2].

4.1 AHV/IV (1. Säule)

Jede Lohnzahlung einer Teilzeitarbeit als Haupterwerb unterliegt der Beitragspflicht. Bei einer Lohnzahlung aus einem Nebenerwerb gilt eine Mindestgrenze von Fr. 2'500.- pro Jahr (1985) für die Beitragspflicht. Die Altersrente bemisst sich nach dem durchschnittlichen jährlichen Einkommen, auf das Beiträge entrichtet wurden und ist dementsprechend bei Teilzeitarbeit geringer als bei einer Vollzeitarbeit. Zu beachten sind dabei die Betragsgrenzen der Altersrente.

Da die AHV/IV-Kommission des Bundes Ende 1983 einen flexiblen Rentenvorbezug aus Kostengründen abgelehnt hat, wird eine betriebliche Regelung im Sinne eines gleitenden Uebergangs in den Ruhestand in nächster Zukunft nicht auf die AHV übertragen werden können.

4.2 Berufliche Vorsorge (2. Säule)

Eine obligatorische Versicherung besteht erst ab einem höheren Jahreseinkommen als Fr. 16'560.- (1985). Geringere Einkommen sind **obligatorisch** nur durch die 1. Säule abgedeckt. Auf freiwilliger Basis können auch geringere Jahreseinkommen versichert werden. Beim Uebergang von einer Vollzeit- auf eine Teilzeitarbeit mit einem Jahreseinkommen unter der genannten Grenze, ist eine Weiterversicherung im bisherigen Umfang möglich.

4.3 Arbeitslosenversicherung

Jede Lohnzahlung aus einem Haupterwerb unterliegt der Beitragspflicht. Der Verdienst ist also versichert, wenn er nicht als Nebenerwerb gilt, weshalb ein Mindestlohnbetrag festgelegt worden ist. Dieser liegt bei einem Verdienst von mindestens Fr. 500.- pro Monat während dem letzten halben Jahr vor der Arbeitslosigkeit (1984). Zudem erhält eine Arbeitslosenentschädigung nur, wer mindestens eine Halbtagesstelle und unter Umständen sogar eine Vollzeitbeschäftigung aufnehmen kann.

Selbstverständlich ist, dass bei einer geringeren versicherten Lohnsumme infolge Teilzeitarbeit auch die entsprechenden Entschädigungen geringer sind.

4.4 Krankenversicherung

Da die Krankenversicherung heute nur auf kantonaler Ebene teilweise obligatorisch ist (vor allem bei Ausländern), ergeben sich keine relevanten Einlüsse bei einer Reduktion der Arbeitszeit.

4.5 Unfallversicherung

Es sind alle Arbeitnehmer, auch die Teilzeitbeschäftigten, obligatorisch gegen Berufsunfälle, Berufskrankheiten und Unfälle auf dem Arbeitsweg versichert. Liegt die Arbeitszeit bei **einem** Arbeitgeber über 12 Stunden wöchentlich, so ist auch die Nichtbetriebsunfallversicherung obligatorisch. Bei einer geringeren wöchentlichen Arbeitszeit wäre eine solche Versicherung auf freiwilliger Basis abzuschliessen.

Vertiefung VII

Beispiele zur Anwendung des Vorgehensmodells

1. EINLEITUNG

Um die Anwendbarkeit des Vorgehensmodells zu überprüfen und auch um das Vorgehen mit praktischen Beispielen verständlich machen zu können, wurde das Vorgehensmodell in drei Unternehmungen in der Form eines Pilotprojektes angewandt. Daraus ergaben sich wertvolle Rückschlüsse für die Gestaltung und Darstellung des Vorgehensmodells und die im folgenden aufgeführten Anwendungsbeispiele.

Das methodische und inhaltliche Schwergewicht dieses Buches liegt in der Erarbeitung der Grundlagen für die Gestaltung eines Arbeitszeitmodells und beim Gestaltungsprozess selber. Da diese Schritte primär in der **Hauptstudie** durchgeführt werden, wird vor allem das Vorgehen in der Hauptstudie durch Beispiele dokumentiert.

Im weiteren ist darauf hinzuweisen, dass kein in sich geschlossenes, in allen Schritten zusammenhängendes Beispiel aufgezeigt wird, um für jeden Schritt das bestgeeignete Beispiel wählen zu können. Wo dies für das Verständnis nötig schien, wird speziell auf Zusammenhänge hingewiesen.

Ferner ist zu bemerken, dass die Zahlenbeispiele soweit verfremdet wurden, dass keine Rückschlüsse auf Eigenheiten der zugrundeliegenden Unternehmungen möglich sind.

2. ANWENDUNGSBEISPIELE

Um die Beispiele in einen sinnvollen Zusammenhang bringen zu können, wird deren Einreihung anhand des Vorgehens aufgezeigt. Wo dies vom Beispiel her sinnvoll erschien, wurden jedoch Vereinfachungen bzw. Detaillierungen vorgenommen.

2.1 Vorstudie

Prinzipiell können zwei Ursachen zur Durchführung einer Vorstudie veranlassen:

1. Es liegt ein konkreter Auftrag bezüglich Abklärung der Flexibilisierungsmöglichkeiten der Arbeitszeit vor.

2. Es liegen Probleme vor, zu deren Lösung eine Flexibilisierung der Arbeitszeit möglicherweise beitragen kann.

Der erste Fall könnte eventuell dazu verleiten, eine zu stark reduzierte Vorstudie durchzuführen. Es soll darum darauf hingewiesen werden, dass die Resultate der Situationsanalyse und Zielsetzung Voraussetzungen für die entsprechenden Schritte in der Hauptstudie darstellen. Auch sollen Ueberlegungen bezüglich möglicher alternativer Lösungsprinzipien nicht fehlen, da auch die Realisierung eines Modells flexibler Arbeitszeiten eventuell Massnahmen in anderen Bereichen bedingt. Mögliche Synergien bei der Problemlösung werden auf diese Weise schon zu Beginn eines Projektes erfasst.

Im folgenden werden Beispiele zu folgenden Vorgehensschritten dargelegt:

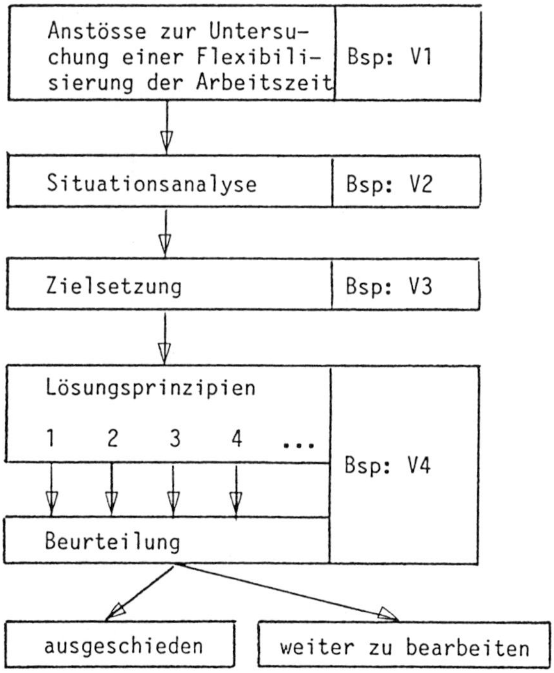

Abb. A7.1: Vorgehensbeispiele der Vorstudie

V1: Anstösse zur Flexibilisierung der Arbeitszeiten

Die folgende Darstellung zeigt mögliche Anstösse zur Untersuchung der Arbeitszeit-Flexibilisierung, wie sie in zwei analysierten Bereichen vorlagen:

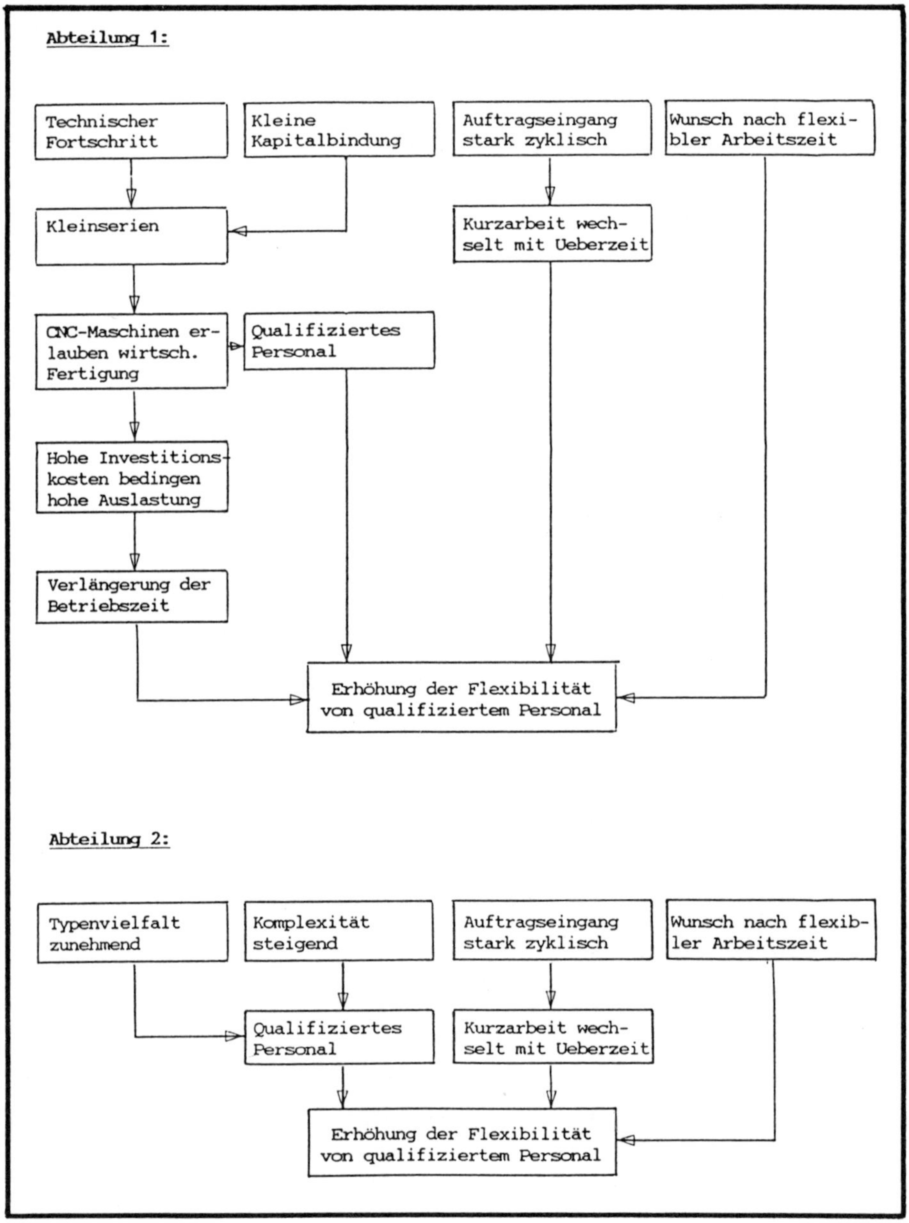

V2: Situationsanalyse

1. Es sind die vorhandenen Probleme zu ermitteln. Das Resultat kann in einer Stärken-/Schwächenanalyse wie folgt dargestellt werden:

In Bezug auf:	Stärken:	Schwächen:
Absatzmarkt	- hohe Liefertreue auch in Hochsaison - langjährige Erfahrung	- Käufermarkt wenig beeinflussbar - schlechte Bedarfsprognosen - starke Bedarfsschwankungen - saisonaler Bedarfsschwankungen - grosse Variantenvielfalt
Fertigung	- kurze Durchlaufzeit - Reserven in Jahreskapazität - wenig Lagerebenen	- unausgenützte Kapazitäten - zu hohe Lagerkosten - Kapazitätsgrenze Ende des laufenden Jahres erreicht - häugig zu kleine Losgrössen - kapitalintensive Anlagen
Planung und Organisation		- mangelnde Information über Lager - manuelle Materialbewirtschaftung - Hektik in Hochsaison - stark personengebunden

Dank einer anschliessenden Ursachenanalyse können die aufgeführten Schwächen analysiert und nach der Ursache eingeordnet werden. Mit Hilfe dieser Datenbasis wird die Ermittlung der Lösungsbereiche ermöglicht (siehe auch V4).

2. Die ausser- und innerbetrieblichen Randbedingungen sind basierend auf einer Systemabgrenzung zu ermitteln. Das folgende Beispiel zeigt einen Ausschnitt aus einer solchen Darstellung der Randbedingungen:

Randbedingungen:

1. Ausserbetriebliche Randbedingungen:

Arbeitsgesetz:	. Tagesarbeitszeit Sommer:	05 bis 20 Uhr
	Winter:	06 bis 20 Uhr
	. Normalarbeitszeit:	45 Std pro Woche
	. minimale Pause:	0.5 Std pro Tag
	. maximale Ueberzeit:	10 Std pro Woche
		220 Std pro Jahr
Gesamtarbeits-vertrag:	. Normalarbeitszeit:	42 Std pro Woche
	. Tagesarbeitszeit Sommer und Winter:	06 bis 20 Uhr
Absatzmarkt:	. saisonale Nachfrage	
	. saisonunabhängige nicht beeinflussbare monatliche Nachfrageschwankungen	
	. hoher Anteil an Expressaufträgen mit 1. Priorität (20%)	
Technologie:	. Zunahme von CNC-gesteuerten Maschinen	
	. Zunahme der Transportautomation	

2. Innerbetriebliche Randbedingungen:

. 2 Wochen Betriebsferien
. Fliessender Informationsübergang von der ersten Schicht zur zweiten Schicht
. Interne Fertigung von Werkzeug- und Vorrichtungsbau
. Beibehaltung Produktestruktur
. keine räumlichen Veränderungen
. keine Verringerung der Betriebszeit
. 10 bis 15% der Mitarbeiter für Dreischicht-Betrieb ungeeignet

V3: Zielsetzung

Aus der Zielsetzung sind die Kriterien für die Beurteilung der Lösungsprinzipien herzuleiten. Entsprechend der relativ hohen, wenig detaillierten Betrachtungsebene kann von einer vollständigen Operationalisierung der Zielsetzung abgesehen werden. Dementsprechend genügt dann auch eine vereinfachte Beurteilung. Die Ziele und die daraus abzuleitenden Kriterien sind zu gewichten.

Zielsetung Vorstudie:

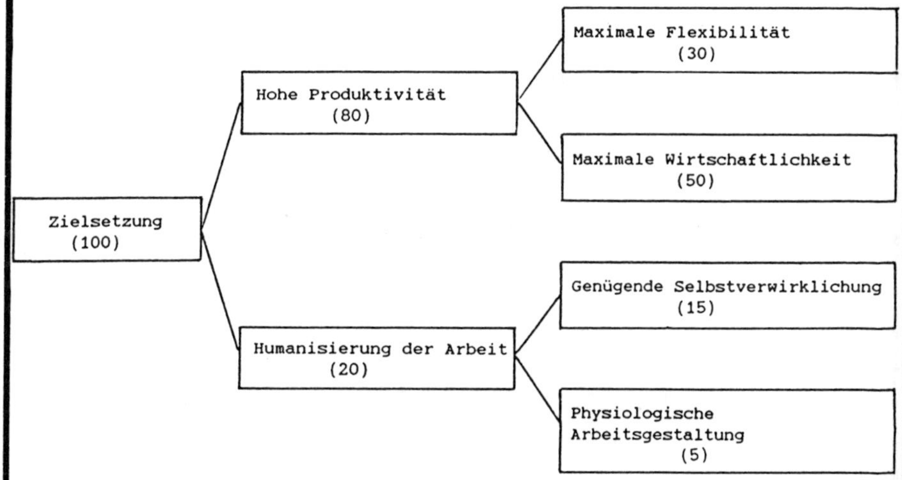

Anmerkung: Der Zielbereich "Innovationsfähigkeit" wurde mangels Relevanz im vorliegenden Fall weggelassen

V4: Erarbeitung der Lösungsprinzipien und deren Beurteilung

Auf der Grundlage der Ursachenanalyse sind Lösungsprinzipien herzuleiten und soweit zu charakterisieren, dass eine grobe Beurteilung möglich ist:

A) Verkürzung der Durchlaufzeit:

- Reduktion der Liegezeiten durch Technisierung des internen Transportes
- Reduktion der Operationszeiten durch Zusammenfassung von Operationen (mit entsprechenden Rationalisierungsinvestitionen)
- Anpassung des Terminplanungssystems
- usw.

B) Massnahmen im Bereich der Materialwirtschaft:

- Straffung des Lagersortimentes
- Differenzierung der Lagerteilebewirtschaftung
- Optimierung des Lagerbestandes
- usw.

C) Flexibilisierung der Arbeitszeit:

- Flexibilisierung der kurzfristigen individuellen Flexibilität
- Flexibilisierung der mittel- und langfristigen Flexibilität der personellen Kapazität
- Verlängerung der wöchentlichen Betriebszeit
- usw.

D) Lagerproduktion eines Produktes

- Lagerproduktion während der Niedersaison
- Lagerbestandesabbau während der Hochsaison
- Anpassung der Bedarfsprognose
- usw.

E) ...

Es ist zu beachten, dass nicht alle Lösungsprinzipien die gleichen Ursachen betreffen. So können die Prinzipien C und D als Alternativen zur Lösung des Problems der saisonalen Nachfrageschwankungen betrachtet werden. Die Prinzipien A und B betreffen hingegen andere, aus der Stärken- /Schwächenanalyse hergeleiteten Ursachen.

Anschliessend sind die Wirkungen der verschiedenen Lösungsprinzipien bezüglich der aus der Zielsetzung hergeleiteten Kriterien abzuschätzen und mittels einer vereinfachten Nutzwertanalyse zu beurteilen.

Als Resultat ergeben sich ausgeschiedene und weiter zu bearbeitende Lösungsprinzipien, wobei letztere noch entsprechend der Beurteilung nach Prioritäten gegliedert werden können.

2.2 Hauptstudie

Es werden Beispiele zu folgenden Vorgehensschritten dargestellt:

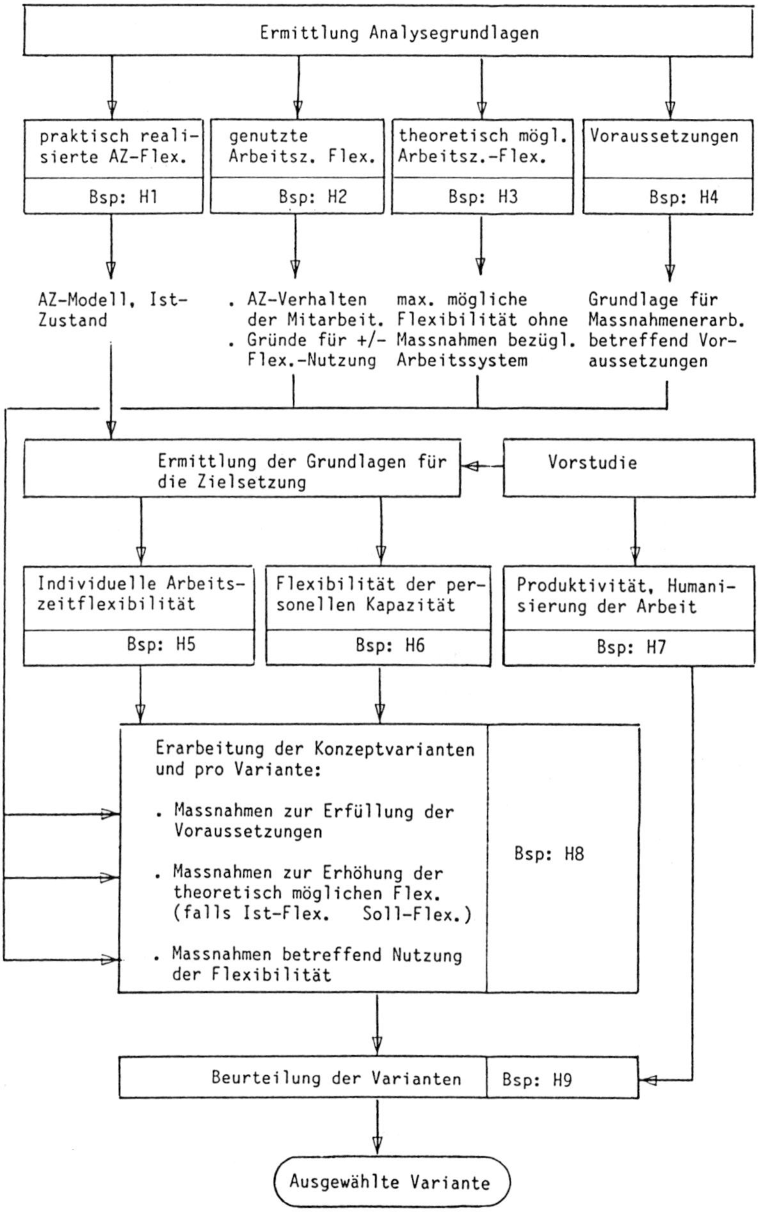

Abb. A7.2: Vorgehensbeispiele der Hauptstudie

2.2.1 Situationsanalyse

H1: praktisch realisierte Arbeitszeitflexibilität

Es ist das bestehende Arbeitszeitmodell zu analysieren und darzustellen (Quelle: zBsp. Arbeitszeitreglement, Weisungen des Betriebes, Gesamtarbeitsvertrag):

Bestehendes Arbeitszeitmodell:

Arbeitszeit:

täglich	8.75 Std inkl. Vorholzeit
monatlich	185 Std durchschnittlich pro Monat
jährlich	1955 Std

Schichtregelung:

Basis: Zweischichtbetrieb
wöchentlicher Schichtwechsel
Schichtzeit: Montag bis Freitag und 2 Samstage pro Jahr und Schicht
Jährlich 224 Arbeitstage

Gleitzeitregelung:

1. Schicht:	04.45 Uhr bis 05.30 Uhr
	12.30 Uhr bis 14.30 Uhr
Kernzeit	05.30 Uhr bis 12.30 Uhr
2. Schicht:	12.30 Uhr bis 14.30 Uhr
	21.30 Uhr bis 22.15 Uhr
Kernzeit	14.30 Uhr bis 21.30 Uhr

Monatlicher Gleitzeitsaldo max. 20 Std
Pro Monat kann maximal ein halber Arbeitstag kompensiert werden

Ferienregelung:

2 Wochen Betriebsferien vorgegeben
2 Wochen Ferien frei wählbar

Zeiterfassung:

Zeitdrucker (Stempeluhr) mit manueller Auswertung der Stempelkarten

Daraus ergeben sich folgende Werte für die praktisch realisierte Arbeitszeitflexibilität:

Praktisch realisierte Arbeitszeitflexibilität:

Flexibilitätsart	zeitlicher Horizont	Flexibilitätsspanne	Flexi. (%)	Ausgleichsperiode
Chronometrische Flexibilität	kurzfristig (Tag)	Tägl.Höchstarb.z. - Block.z. / Tägliche Normalarbeitszeit	31	Monat
	mittelfristig (Monat)	Höchstarb.z. - Mindestarb.z. / Monatliche Normalarbeitsz.	11	Monat
	langfristig (Jahr)	Höchstarb.z. - Mindestarb.z. / Jährliche Normalarbeitszeit	1	--
Chronologische Flexibilität	kurzfristig (Tag)	Gleitzeit 1) / Tägliche Normalarbeitszeit	9	Monat
	mittelfristig (Monat)	Halbtag / Monatliche Normalarbeitsz.	2	Monat
	langfristig (Jahr)	wählbare Ferien / Jährliche Normalarbeitszeit	4.5	--

1) Bei gegebener Arbeitszeitmenge kann die Lage um maximal 0.75 Std verändert werden

H2: genutzte Arbeitszeitflexibilität

Mittels einer repräsentativen Stichprobe der effektiven Arbeitszeiten der Mitarbeiter kann die genutzte Arbeitszeitflexibilität ermittelt werden:

Genutzte Arbeitszeitflexibilität:

Flexibilitäts-art	zeitlicher Horizont	Flexibilitätsspanne	**Flexi. (%)**	Ausgleichs-periode
Chronometrische Flexibilität	kurzfristig (Tag)	Ø Tägl.Abweich. von der NAZ / Tägliche Normalarbeitszeit	6.2	Monat
	mittelfristig (Monat)	Ø Monatl.Abweich. von der NAZ / Monatliche Normalarbeitsz.	1.2	Monat
	langfristig (Jahr)	Ø Jährl.Abweich. von der NAZ / Jährliche Normalarbeitszeit	0.1	--
Chronologische Flexibilität	kurzfristig (Tag)	Ø Benützung der Gleitzeit 1) / Tägliche Normalarbeitszeit	7	Monat
	mittelfristig (Monat)	Ø Eingezogene Halbtage / Monatliche Normalarbeitsz.	0.6	Monat
	langfristig (Jahr)	Ø bezogene Ferien - 2 Wochen / Jährliche Normalarbeitszeit	4.5	--

1) Es wurden die Extremwerte pro Mitarbeiter und Monat berücksichtigt, was der Bildung der Spannweitenmittelwerte der Mitarbeiter entspricht.

H3: theoretisch mögliche Arbeitszeitflexibilität

Als Grundlage sind die Bestimmungsfaktoren der theoretisch möglichen Arbeitszeitflexibilität bezüglich ihren Ausprägungen zu analysieren. Dabei sind Teilsysteme des untersuchten Arbeitssystems (zBsp: Fertigung) mit gleicher Charakteristik zu bilden:

Ausprägungen der Bestimmungsfaktoren pro Teilsystem:

Teilsystem:	Bestimmungsfaktoren 1	2 1)	3 2)	4	5	6	7	8	9
Automatendrehen	C	C	C	B	B	B	C	A	C
Schleifen	C	C	C	B	B	B	C 3)	A	C
Taktmaschinen, Bohren	C	C	C	B	B	B	C	A	C
Räumen	C	C	B	B	B	A	C	A	C
Oberflächenbehandlung	C	C	A	B	B	B	C	A	B
Härten, Löten	C	C	B	B	B	A 4)	B	A	C

1) Entspricht dem Durchschnitt des Arbeitsvorrates
2) Entspricht der Auftragsdauer
3) Bei den neueren Schleifmaschinen nur teilweise vorhanden (B)
4) Grössere Aufträge werden in der Nacht bedienungslos gefahren

Bestimmungsfaktoren	Ausprägungen A	B	C
P1: Anfang und Ende	fixiert	Anf.od.End.fix	offen
P2: Puffer	vernachlässigb	mittel	gross
P3: Dauer	klein	mittel	gross
P4: Unterbrechbarkeit	nicht u.	bedingt u.	beliebig u.
P5: Betriebszeit	gleich AZ	grösser AZ	-
P6: Charakt. Arb.abl.	wechselnd	konstant	-
P7: Präsenzzeitbeding.	nicht vorhand.	teilweise vorh	umfassend
P8: Stellvertretung	möglich	teilweise mögl	unmöglich
P9: Anzahl Aufgabentr.	Gruppenarbeit	teilweise GrA	Einzelarbeit

Daraus lassen sich die folgenden Einflüsse der vorliegenden Bestimmungsfaktoren auf die kurzfristige bzw. langfristige Flexibilität abschätzen:

Bestimmungs-faktoren		F 3A	F 3B		F 3C	
		-	F 4A	F 4C	F 4A	F 4C
F 1A	F 2A	–	–	–	Schicht Ueb.z.	+
	F 2B	–		–		+
	F 2C	–		–		+
F 1B	F 2A	–	–	–	Schicht Ueb.z.	+
	F 2B	+		+		+
	F 2C	+		+		+
F 1C	F 2A					
	F 2B	+	–* (+)	+	Schicht arbeit	+
	F 2C	+	+ +	+	Ueber zeita.	(+)

\+ tendenziell pos. Wirkung
\- tendenziell neg. Wirkung

*kurzfristige chm. Flex. / kurzfristige chl. Flex.

Bestimmungs-faktoren		F 3A	F 3B		F 3C	
		-	F 4A	F 4C	F 4A	F 4C
F 1A	F 2A	 –	 –	 –	Schicht Ueb.z.	+ +
	F 2B	 –		 –		+ +
	F 2C	 –		 –		+ +
F 1B	F 2A	 –	 –	 –	Schicht Ueb.z.	+ +
	F 2B	+ 		+ 		+ +
	F 2C	+ 		+ 		+ +
F 1C	F 2A					
	F 2B	+ 	 –	+ 	Schicht arbeit	+ +
	F 2C	+ 	+ 	+ 	Ueber zeita.	(+) (+)

langfristige chm. Flex. / langfristige chl. Flex.

\+ tendenziell pos. Wirkung
\- tendenziell neg. Wirkung

Da sich die Ausprägungen für die verschiedenen Teilsysteme nicht stark unterscheiden, lassen sich folgende Flexibilitäten bestimmen:

Theoretisch mögliche Arbeitszeitflexibilität:

Flexibilitäts-art	zeitlicher Horizont	Flexibilitätsspanne	Flexi. (%)	Ausgleichs-periode
Chronometrische Flexibilität	kurzfristig (Tag)	Tägl.Höchstarb.z. - Stück.z. / Tägliche Normalarbeitszeit	>100	--
	mittelfristig (Monat)	keine Einschränkungen	>100	--
	langfristig (Jahr)	keine Einschränkungen	>100	--
Chronologische Flexibilität	kurzfristig (Tag)	Pufferzeit / Tägliche Normalarbeitszeit	>100	--
	mittelfristig (Monat)	keine Einschränkungen	>100	--
	langfristig (Jahr)	keine Einschränkungen	>100	--

Im vorliegend aufgezeigten Beispiel ergeben sich also keine Einschränkungen durch das Arbeitssystem, womit allein die Randbedingungen (V1) relevant sind.

H4: Voraussetzungen

Es ist abzuklären, inwieweit die Voraussetzungen einer Flexibilisierung der Arbeitszeit gegeben sind. Es geht dabei um eine Bestandesaufnahme bezüglich

- der Betriebszeit
- des betrieblichen Personalinformationssystems (PIS) und
- des Führungsverhaltens.

Basierend auf dieser Bestandesaufnahme ist pro Arbeitszeit-Modellvariante abzuklären, welche Massnahmen zur Erfüllung der Voraussetzungen zu treffen sind.

Betriebszeit:

Voraussetzungen Betriebszeit:

Die Betriebszeit ergibt sich aus der Beschreibung der praktisch realisierten Arbeitszeitflexibilität:

- Täglich: 04.45 - 22.15 Uhr (2 Schichten)
- Wöchentlich: Montag bis Freitag
- Jährlich: Werktage abzüglich Betriebsferien, Feiertage, vorgeholte Arbeitstage

Betriebliches Personalinformationssystem:

Voraussetzungen Personalinformationssystem:

Es werden die folgenden Aufgaben wahrgenommen (Beschreibung der Aufgaben siehe Kapitel II, 2.2.2):

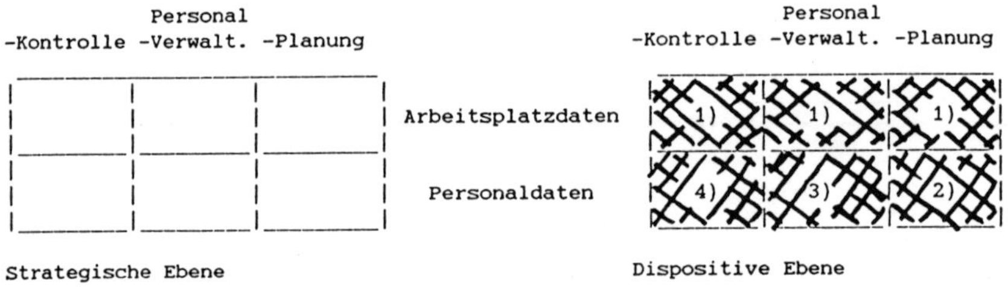

1) kurz- und mittelfristige Produktionsplanung und -steuerung
2) monatliche Personaleinsatzplanung
3) Besoldungsabrechnungen, etc.
4) Zeiterfassung

Führungsverhalten:

Es ist das Führungsverhalten primär des unteren, aber auch des mittleren Kaders zu untersuchen. Existieren qualitativ genügende Unterlagen einer Mitarbeiterbeurteilung, so können die entsprechenden Aussagen daraus gewonnen werden. Ist dies nicht der Fall, so kann mittels einfacher Interviews eine grobe Beurteilung vorgenommen werden. Eine mögliche Fragestellung und deren Resultate sind untenstehend beschrieben.

Beurteilung bezüglich kooperativer / autoritärer Führung:

Ausgangslage: Bei der Arbeit eines Mitarbeiters wird ein Werkzeug zerstört:

Reaktionen des Meisters:

sucht nach möglichen Gründen, bespricht den Vorfall mit dem Mitarbeiter	2
sucht nach möglichen Gründen, überlegt sich warum dem Mitarbeiter dies passiert ist	1
findet den Vorfall ärgerlich und unnötig und teilt dies dem Mitarbeiter in anständigem Ton mit	0
erteilt dem Mitarbeiter umgehend einen Verweis	-1
schreit den Mitarbeiter an und droht mit Strafmassnahmen	-2

Beurteilung bezüglich pluralistischer Zielsetzung / Gewinnmaximierung:

Einstellung des Meisters:

der Mensch verbringt 1/3 des Tages im Betrieb, also soll er sich hier wohl fühlen, entfalten und Freunde finden	2
die Leistung ist wichtig, aber im Zentrum der Arbeit steht der Mensch mit seinen Bedürfnissen	1
in erster Linie gilt es produktiv zu sein. Daneben darf aber der Mensch nicht zu kurz kommen	0
Produktivität ist das oberste Ziel, menschliche Bedürfnisse haben daneben zurückzustehen	-1
der Cash-Flow ist zentrales Anliegen, die Produktion hat sich danach zu richten, ebenso der Mensch als Produktionsfaktor	-2

Resultatdarstellung:

Die Resultate können nun pro Vorgesetzten in das folgende Koordinatennetz eingetragen werden:

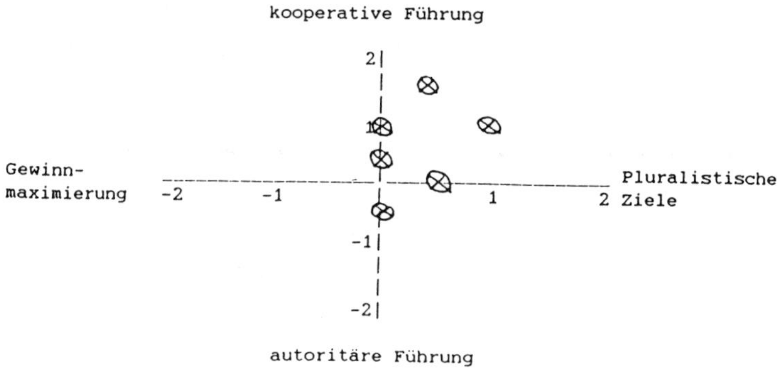

2.2.2 Zielsetzung

H5: Ziele bezüglich der individuellen Arbeitszeitflexibilität

Es sind die Vorstellungen der Arbeitnehmer bezüglich der gewünschten Arbeitszeitflexibilität zu ermitteln, sofern diese nicht bereits formuliert sind. Da direkt auf die Arbeitszeitflexibilität bezogene Fragen kaum verstanden werden, empfiehlt es sich, die Wünsche anhand einfacher Modellvorstellungen abzuschätzen. Folgendes Beispiel zeigt eine mögliche Gestaltung des Fragebogens:

Fragebogen

Vorstellungen der Arbeitnehmer bezüglich flexibler Arbeitszeit

1. Fragen zur Person

Alter:

bis 20 ☐   21 - 30 ☐   31 - 40 ☐   41 - 50 ☐   51 - 65 ☐

Zivilstand

ledig/geschieden ☐   verheiratet ☐

2. Persönliche Vorstellungen

Arbeitszeitmenge:

Wieviele Stunden pro Tag möchten Sie arbeiten (bei entsprechend geringerem oder höherem Lohn)?

weniger als 4 Std ☐   4 - 5 Std ☐   5 - 6 Std ☐   6 - 7 Std ☐
7 - 8 Std ☐   8 - 9 Std ☐   9 - 10 Std ☐   10 - 11 Std ☐

Arbeitszeitlage:

Welcher Arbeitsbeginn für oben angegebene Dauer wäre für Sie ideal?

zwischen 4 und 5 ☐   5 und 6 ☐   6 und 7 ☐   7 und 8 ☐
8 und 9 ☐   9 und 10 ☐   10 und 11 ☐   11 und 12 ☐   12 und 13 ☐
13 und 14 ☐   14 und 15 ☐   15 und 16 ☐   16 und 17 ☐   später ☐

./.

3. Arbeitszeitmodelle

Könnten Sie sich vorstellen, so zu arbeiten, wie eine der nachfolgenden Personen?

3.1 Nachtschwärmer

Bis 9 Uhr ausschlafen, ausgiebig Frühstücken mit der Frau, von 11 bis 12 Uhr Tennis spielen mit Fritz, anschliessend Mittagessen mit der Familie, um 14 Uhr Arbeitsbeginn, unterbrochen vom Nachtessen , bis 23 Uhr. Vor der Heimkehr eine Stange hell im "Rössli".

nein ☐ eher nein ☐ warum nicht ☐ finde ich gut ☐

3.2 Sportler

Als Spitzensportler beginnt das Training um 8 Uhr nach dem Frühstück. Die Arbeit dauert nur 5 Stunden von 11 bis 16 Uhr. So kann er bis zum Abendtraining um 19 Uhr noch private Sachen erledigen. Da er noch unverheiratet ist, nimmt er die Lohneinbusse in Kauf.

nein ☐ eher nein ☐ warum nicht ☐ finde ich gut ☐

3.3 Job-Sharer

Die Betriebszeit dauert von 5 bis 20 Uhr. Herr Meier und Herr Müller teilen sich die Arbeitszeit selbständig auf. Am Montag und am Dienstag möchte Herr Meier am Nachmittag Schwimmen gehen. Er arbeitet deshalb von 5 bis 14 Uhr. Anschliessend übernimmt Herr Müller und arbeitet bis 20 Uhr. Am Mittwoch hat Herr Müller einen Weiterbildungskurs, der um 14 Uhr beginnt. Er möchte sich noch vorbereiten und arbeitet deshalb nur von 5 bis 10 Uhr. Darauf übernimmt Herr Meier die Arbeit bis 20 Uhr.
So sprechen sich die beiden jeden Tag ab. Wie sie die Arbeit aufteilen ist ihnen überlassen. Wichtig ist nur, dass immer einer von beiden hier ist während der Betriebszeit.

nein ☐ eher nein ☐ warum nicht ☐ finde ich gut ☐

3.4 Chrampfsiech

Die Belegschaft wird immer einen Monat zum voraus über die anfallende Arbeitsmenge des folgenden Monats informiert. Diese schwankt zwischen 80% und 120% der monatlichen Arbeitszeit. Das entspricht ca. 160 bzw. 200 Std pro Monat. Herr Trüb findet das nicht schlecht. Zwar gibt es harte Monate mit einem 10 Stunden-Tag, aber auch wieder leichtere Zeiten mit einem 6 Stunden-Tag. Da er zur Zeit sein Häuschen umbauen möchte, ist er froh, wenn er nächsten Monat etwas mehr Zeit dazu hat als in einem normalen Monat.

nein ☐ eher nein ☐ warum nicht ☐ finde ich gut ☐

Die Auswertung der Antworten auf diesen Fragebogen ergab in einem Betrieb folgende Zielvorstellungen:

Vorstellungen der Arbeitnehmer bezüglich der Arbeitszeitflexibilität:

Flexibilitätsart	zeitlicher Horizont	Flexibilitätsspanne	**Flexi. (%)**	Ausgleichsperiode
Chronometrische Flexibilität	kurzfristig (Tag)	Tägl.Höchstarb.z. - Block.z. / Tägliche Normalarbeitszeit	**6-34**	keine
	mittelfristig (Monat)	Höchstarb.z. - Mindestarb.z. 1) / Monatliche Normalarbeitsz.	**1-34**	keine
	langfristig (Jahr)	Höchstarb.z. - Mindestarb.z. / Jährliche Normalarbeitszeit	**0-40**	keine
Chronologische Flexibilität	kurzfristig (Tag)	Gleitzeit 1) / Tägliche Normalarbeitszeit	**7-100**	--
	mittelfristig (Monat)	Halbtag 1) / Monatliche Normalarbeitsz.	**0-50**	--
	langfristig (Jahr)	wählbare Ferien 1) / Jährliche Normalarbeitszeit	**0-10**	Jahr

1) Nur vereinzelt im maximalen angegebenen Ausmass erwünscht

H6: Ziele bezüglich der Flexibilität der personellen Kapazität

Diese Ziele können aus den Auslastungsschwankungen der personellen Kapazität des betrachteten Arbeitssystems hergeleitet werden. Bestehen innerhalb des untersuchten Systems Teilsysteme mit unterschiedlichen Auslastungsschwankungen, so sind die Zielvorstellungen für die Teilsysteme getrennt zu erfassen. Die Erfassungsart und die in einem Fall ermittelten Resultate zeigen folgendes Beispiel:

Gewünschte Flexibilität der personellen Kapazität:

Flexibilitätsart	zeitlicher Horizont	Flexibilitätsspanne	Flexi. (%)
Chronometrische Flexibilität	kurzfristig (Tag)	beliebig	--
	mittelfristig (Monat)	$\frac{\text{Monatsmax - Monatsmin}}{\varnothing \text{ Monatsbelastung}}$	30
	langfristig (Jahr)	$\frac{\text{Jahresmax - Jahresmin}}{\varnothing \text{ Jahresbelastung}}$	8
Chronologische Flexibilität	kurzfristig (Tag)	beliebig	--
	mittelfristig (Monat)	beliebig	--
	langfristig (Jahr)	$\frac{\text{Hochsaison - Tiefsaison}}{\varnothing \text{ Jahresbelastung}}$	20

Es ist also primär eine saisonale Auslastungsschwankung festzustellen, die durch monatliche Schwankungen überlagert wird.

H7: Ziele bezüglich der Produktivität und der Humanisierung der Arbeit

Die Zielsetzung der Vorstudie, die als Basis zur Beurteilung der Lösungsprinzipien hergeleitet wurde, ist weiter zu operationalisieren, um daraus die gewichteten Kriterien für die Nutzwertanalyse der Konzeptvarianten der Arbeitszeitmodelle herleiten zu können.

Zielsetzung Hauptstudie:

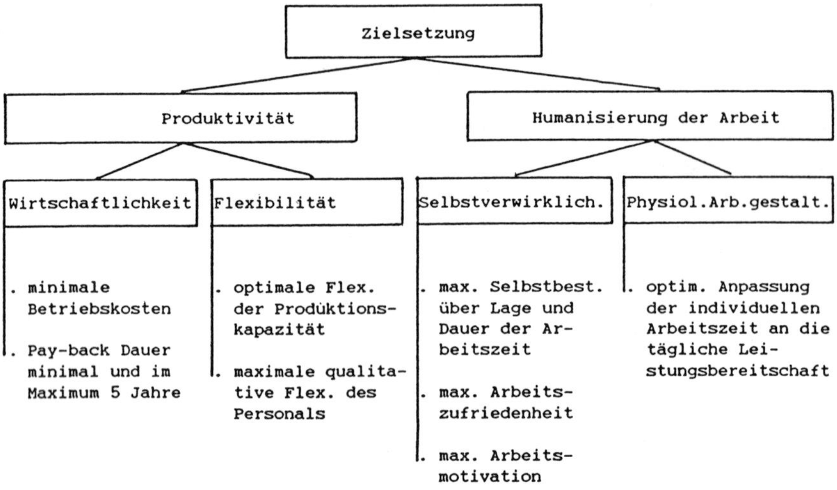

2.2.3 Lösungssuche

H8: Konzeptvarianten-Bildung

Es sind Arbeitszeit-Konzeptvarianten zu bilden, die mindestens folgende Punkte umfassen sollten:

- Ausmass der chronometrischen und chronologischen Flexibilität
- Ausmass der kurz-, mittel- und langfristigen Flexibilität
- Massnahmenkonzept beinhaltend:
  - Massnahmen zur Erfüllung der Voraussetzungen
  - Massnahmen zur Erhöhung der theoretisch möglichen Flexibilität
  - Massnahmen betreffend Nutzung der Flexibilität

Basierend auf den Zielvorstellungen und den Analyseresultaten bezüglich der Flexibilität sind Konzeptvarianten zu bilden:

Variantenbildung bezüglich der Flexibilität:

kurzfristige Flexibilität:

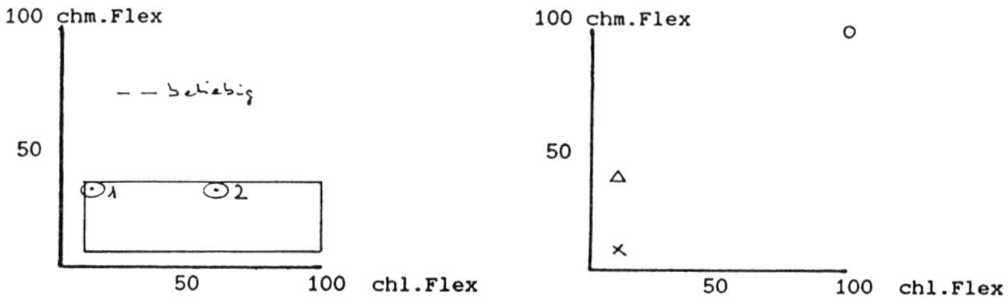

mittelfristige Flexibilität:

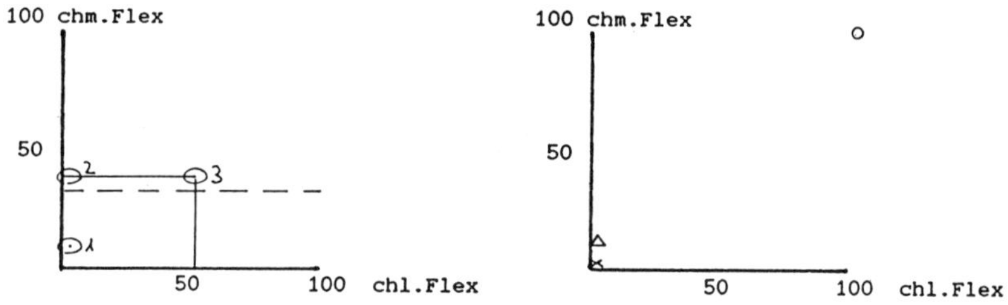

langfristige Flexibilität:

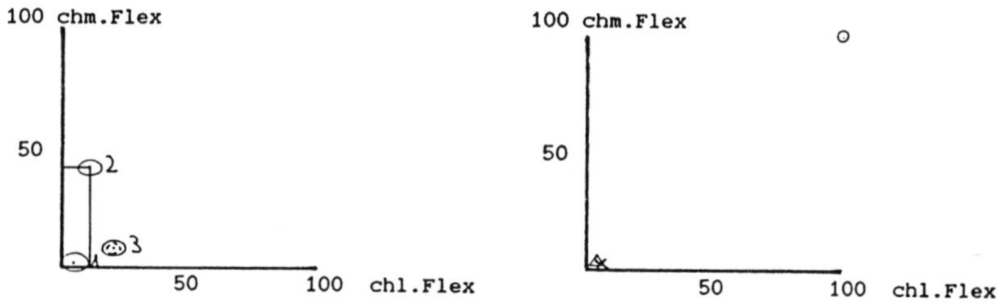

— — - Flexibilität der personellen Kapazität
☐ - gewünschte Flexibilität der Mitarbeiter
⊙ X - Varianten der Flexibilität als Basis für die Konzeptvarianten-Bildung

○ - theoretisch mögliche Flex.
△ - realisierte Arbeitszeitflex.
× - praktisch genutzte Arbeitszeitflexibilität

chl.Flex = chronologische Flexibilität
chm.Flex = chronometrische Flexibilität

Es können nun Konzeptvarianten gebildet werden. Unter Berücksichtigung der Wechselwirkungen zwischen chronometrischer, chronologischer, kurz-, mittel- und langfristiger Flexibilität können Varianten der kurzfristigen Flexibilität unabhängig von der mittel- und langfristigen Flexibilität dargestellt werden:

Konzept-varianten:	Ausprägung der kurzf. Flex.	langf. Flex.	Bemerkungen:
1	1	1	Ist-Zustand
2	1	2	Ist-Zustand mit Berücksichtigung saisonaler Schwankungen durch einer langfristige chronologische Flexibilität
3	1	3	Ist-Zustand mit der Möglichkeit jährlich befristeter Teilzeitarbeit
4	2	1	Erhöhung der monatlichen chronometrischen Flexibilität, um Monats- und saisonale Schwankungen auffangen zu können
5	2	2	Variante 3 mit Erhöhung der langfristigen chronologisc
	2	3	....

Im weiteren sind unter Berücksichtigung der genutzten bzw. der theoretisch möglichen Flexibilität (H2 bzw. H3) und der Bestandesaufnahme bezüglich der Voraussetzungen (H4) pro Flexibilitäts-Konzeptvariante entsprechende Massnahmen vorzusehen.

Eine Konzeptvariante mit den entsprechenden Massnahmen kann zBsp. wie folgt dargestellt werden:

Modell 7

Flex.art	Frist	Flex. (%)	1. Massnahmen zur Realisierung der Flexibilität:
chronometrische Flex.	kurzfr.	30	Gleitzeit, Ist-Zustand
	mittelfr.	30	Erhöhung des mtl. Gleitzeitsaldos, Einführung der 5.5 Tage-Woche in Hochsaison
	langfr.	40	Teilzeitarbeit
chronologische Flex.	kurzfr.	10	Gleitzeit, Ist-Zustand
	mittelfr.	4	Kompensation Gleitzeitsaldo: max. 1 Tag zusammenhängend
	langfr.	10	durch die mittelf. chm. Flexibilität und die Wählbarkeit von 2 Wochen Ferien gegeben

./.

2. Massnahmen zur Erfüllung der Voraussetzungen:

a) Betriebszeit: Verlängerung der Betriebszeit in der Hochsaison auf 5.5 Tage

b) Personalinformationssystem: Einführung einer mittel- und langfristigen Persoanaleinsatzplanung mit entsprechenden Grundlagen (mittel- und langfristige Produktionsplanung)

c) Führungsverhalten: Keine speziellen Massnahmen, da Voraussetzungen gegeben

3. Massnahmen zur Erhöhung der theoretisch möglichen Flexibilität:

Keine Massnahmen nötig, da theoretisch mögliche Flexibilität ausreichend

4. Massnahmen betreffend Nutzung der Flexibilität:

a) finanzielle Anreize:
. für Aeufnung eines negativen Gleitzeitsaldos bei Unterbeschäftigung und Kompensation bei Ueberbeschäftigung
. für Bezug von unbezahltem Urlaub bei Unterbeschäftigung

b) nichtfinanzielle Anreize:
. Ueberkompensation bei Aeufnung eines positiven Gleitzeitsaldos bei Ueberschäftigung
. Eröffnung eines Zeitguthabens bei Ferienbezug in Zeiten der Unterbeschäftigung

Um eine Beurteilung vornehmen zu können, sind Aufwandschätzungen für die verschiedenen Massnahmen vorzunehmen.

Falls mit der pro Modell vorgesehenen Flexibilisierung der individuellen Arbeitszeit die Ziele bezüglich der Flexibilisierung der personellen Kapazität nicht erreicht werden, können diesbezüglich weitere Massnahmen vorgesehen werden, wie zBsp:

. Zusätzlich Einstellung von Teilzeitmitarbeitern, da diese prinzipiell eine höhere chronometrische Flexibilität aufweisen

. Aufbau eines Bestandes an externen Springern (zBsp: Werkstudenten, Pensionierte, Mitarbeiter in Bereitschaftsverträgen) und internen Springern

. selektive Gewährung von Urlaub

. Ueberzeitarbeit, Kurzarbeit

Auch kann eine Flexibilisierung der Arbeitszeit mit Massnahmen zur Reduktion der benötigten Flexibilität der personellen Kapazität kombiniert werden, zBsp:

. Lagerhaltung von Zwischen- und Endprodukten
. Absatzorientierte Massnahmen

2.2.4 Beurteilung der Varianten

Die Beurteilung erfolgt mittels einer Nutzwertanalyse, wie sie in der Vertiefung 6 beschrieben ist.

H9a: Beurteilung der Varianten bezüglich der Wirtschaftlichkeit

Die Wirtschaftlichkeitsbeurteilung beruht auf Kosten- und Ertragsschätzungen. Ein mögliches Resultat kann wie folgt aussehen:

	Varianten 1	2	3	4
Kostenvergleich (∅ Kosten pro Jahr, bezogen auf den Ist-Zustand)	- 60	-150	+ 80	-140
Pay-Back-Dauer (Jahre)	3	4	5	4

H9b: Beurteilung der Varianten bezüglich der Flexibilität und der Humanisierung der Arbeit

Die Kriterien wurden entsprechend der Zielsetzung (H7) angepasst.

	Humanisierung der Arbeit			
	Selbstbestimmung	Zufriedenheit	Motivation	Anpassung der Arbeitszeit an Leistungsbereitsch.
	Variante 1 2 3 4 5 6	Variante 1 2 3 4 5 6	Variante 1 2 3 4 5 6	Variante 1 2 3 4 5 6
. Beeinflussung von Arbeitszeitlage und -menge durch Mitarbeiter	-2 2 2 1 2 3	-2 2 3 1 2 3	1 2 2 1 2 3	-1 2 2 1 2 3
. Anreize zur Nutzung der Flexibilität	keine Wirkung	0 0 1 2 0 2	0 0 1 2 0 2	keine Wirkung
. Schulung der Mitarbeiter	-1 2 2 0 1 2	1 2 3 1 1 2	1 1 1 1 1 1	keine Wirkung
Summe der Nutzen pro Kriterium und Variante:	-3 4 4 1 3 5	-1 4 7 4 3 7	2 3 4 4 3 6	-1 2 2 1 2 3

Variante:	1	2	3	4	5	6
Gesamtnutzen:	-3	13	17	10	11	21

Massnahmen:	Flexibilitätsbereiche: Flexibilisierung der Produktionskapazität – Varianten 1	2	3	4	5	6	Flexibilitätsbereiche: Qualitative Personalflexibilität – Varianten 1	2	3	4	5	6
. Realisierung der chronom. und chronologischen Flexibilität	2	3	1	0	2	1	1	1	0	0	1	0
. Verlängerung der Betriebszeit	3	3	1	1	0	0	keine Wirkung					
. Einführung einer mittel- und langfristigen Planung	3	3	2	2	3	2	3	3	3	3	3	3
. finanzielle Anreize zur Nutzung der Flexibilität	3	3	0	2	2	2	3	3	0	2	2	2
. nichtfinanzielle Anreize zur Nutzung der Flexibilität	3	3	1	2	2	2	3	3	1	2	2	2
. Schulung der Mitarbeiter	keine Wirkung						2	1	2	0	0	1
Summe der Nutzen pro Bereich und Variante:	14	15	5	7	9	7	12	11	6	7	8	8

Variante:	1	2	3	4	5	6
Gesamtnutzen:	26	26	11	14	17	15

H9c: Zielertragsmatrix

Es sind die Zielerträge für die Ausprägungen pro Kriterium zu ermitteln:

	Zielertrag -3	-2	-1	0	1	2	3
Kostenvergleich	›100	100 - 50	50 - 0	0 - -50	-50- -100	-100- -200	‹-200
Pay-Back-Dauer	--	--	--	4.5 - 5	3.5 - 4.5	2.5 - 3.5	‹2.5
Flexibilität	‹ -16	-15 - -8	-7 - -1	0 - 8	9 - 16	17 - 24	›24
Humanisierung der Arbeit	‹ -12	-11 - -6	-5 - -1	0 - 6	7 - 12	13 - 18	›18

H9d: Bewertungsmatrix

Die Bewertung der Varianten erfolgt nun aufgrund der Zielerträge pro Kriterium und der Kriteriengewichtung:

Kriterium	Gewicht	Variante 1		Variante 2		Variante 3		Variante 4		Variante 5		Va
	G	ZE	GxZE	ZE	GxZE	ZE	GxZE	ZE	GxZE	ZE	GxZE	ZE
Kostenvergleich	40	1	40	2	80	1	40	2	80	0	0	
Pay-Back-Dauer	10	1	10	1	10	3	30	1	10	2	20	
Flexibilität	30	3	90	3	90	1	30	1	30	2	60	
Humanisierung d.A.	20	-1	-20	2	40	2	40	1	20	1	20	
Nutzwerte:			120		220		140		140		10	
Rang:			6		1		3		3		[illegible]	

ZE: Zielertrag

Um die Stabilität der Beurteilung zu überprüfen, wird eine Sensitivitätsanalyse durchgeführt. Dabei werden die Kriteriengewichte und diejenigen Schätzwerte der Wirkungen der einzelnen Modelle, die die grössten Unsicherheiten aufweisen, in vernünftigem Rahmen variiert und damit die Bewertung wiederholt. Bleibt dabei eine Variante stabil im ersten Rang, so kann diese allein in der Detailstudie weiterverfolgt werden. Ansonsten sind eventuell mehrere Varianten in der Detailstudie einer vertieften Betrachtung zu unterziehen.

Literaturverzeichnis

Arbeitsgesetz — Bundesgesetz über die Arbeit in Industrie Gewerbe und Handel vom 13.3.1964 mit den Verordnungen 1, 2 und 3

Arnold, H. — Der Produktionsprozess im Industriebetrieb Berlin 1968

ASM (Arbeitgeberverband Schweiz. Maschinen- und Metall-Industrieller) Neue Arbeitsformen Zürich 1977

Beckert, M. — Betriebs- und Arbeitsgestaltung Leipzig 1977

Bielenski, H. — Flexible Arbeitszeiten, Ergebnisse einer Untersuchung in 42 Betrieben Bonn 1985

BIGA (1) (Bundesamt für Industrie, Gewerbe und Arbeit) Besondere Formen der Arbeitszeit Bern 1982

BIGA (2) — Teilzeitarbeit Bern 1984

Böckle, F. — Flexible Arbeitszeit im Produktionsbereich Bern 1979

Brem, E. — Arbeitswissenschaft, Vorlesungsunterlagen ETH Zürich 1982

Büchel, A. (1) — Betriebswissenschaftliche Methodik, Vorlesungsunterlagen ETH Zürich 1983

Büchel, A. (2) — Planungs- und Informationssysteme, Vorlesungsunterlagen ETH Zürich 1983

Daenzer, W. — Systems Engineering Zürich 1978

Domsch, M. — Personalinformationssysteme Hamburg 1972

Engfer et al. — Arbeitszeitsituation und Arbeitszeitverk. Mitteilungen aus der Arbeitsmarkt- und Berufsforschung 2/1983

Eversheim, W. et al.	Planung der Flexibilität in Unternehmungen der Investitionsgüterindustrie VDI-Zeitschrift 3/1975
Fiedler, H.	Flex. Arbeitszeitgestaltung in der Praxis Fortschrittl. Betriebsführung/Industrial Engineering 3/1984
Gaugler, E.	Handwörterbuch des Personalwesens Stuttgart 1975
Gaugler, E. / Kolb, M. / Ling, B.	Humanisierung der Arbeitswelt und Produktivität Mannheim 1976
Gieffers, F. / Pohen, A.	Fehlzeiten im Betrieb Heidelberg 1983
Grassl, G. / Hindelang, O.	Wie nutzen Mitarbeiter die Gleitzeit Personal 2/1984
Grandjean, E.	Physiologische Arbeitsgestaltung Thun 1979
Haller, W. (1)	Flexible Arbeitszeiten bei Interflex und Siemens Personal 8/1983
Haller, W. (2)	Optimale Betriebszeiten Personal 3/1981
Hauck, W.	Arbeitszeitproblem und Industriekosten-wirtschaft Berlin, Wien 1929
Hackh, S.	Gleitende Arbeitszeit München 1971
Kilian, W.	Personalinformationssysteme deutscher Grossunternehmen Berlin 1982
Koch, G. / Schmidt, H.	Informationen für die qualitative Personalplanung in: Handbuch für Personalplanung Frankfurt 1975
Kosiol, E.	Die Unternehmung als wirtschaftliches Aktionszentrum Hamburg 1972
Möser, M.	Funktionsbewertung Zürich, 1983

Nieder, P. — Ursachen von Fehlzeiten
Der Betriebswirt 2/3/1978

Nydegger, A. — Innovationsbereitschaft in Klein- und Mittelbetrieben in: Innovationspolitik und Innovationsmanagement
Rüschlikon 1984

Obligationenrecht — Bundesgesetz betreffend die Ergänzung des Zivilgesetzbuches, 5. Teil, vom 30.3.1911

Ott, B. — Arbeitszufriedenheit und Arbeitsproduktivität
Zeitschrift Führung+Organisation 6/1981

Pauli, J. — Gesamtbetriebliche Flexibilität
Unveröffentlichtes Manuskript eines Vortrages
Zürich 1984

Peters, T. / Watermann, R. — Auf der Suche nach Spitzenleistungen
Landsberg am Lech 1983

Rahm, P. — Dynamische Arbeitszeit
Aarau 1971

REFA — Methodenlehre des Arbeitsstudiums
München 1972

Riebel, P. — Industrielle Erzeugungsverfahren in betriebswissenschaftlicher Sicht
Wiesbaden 1963

Rühl, G. — Untersuchungen zur Arbeitsstrukturierung
Industrial Engineering 3/1973

Salowsky, H. — Fehlzeitenreport
Personal SD/1984

Seicht, G. — Arbeitszeitverkürzung, Produktivität und Wirtschaftswachstum
Kostenrechnungspraxis 1/1983

Schaefer, F. — System zur Planung und Nutzung der Flexibilität in der Fertigung
Aachen 1980

Schaper, M. — Gesambetriebliche Produktivität in industriellen Betrieben
Zürich 1984

Schott, R. — Arbeitswissenschaftliche Forderungen an eine variable Arbeitszeit
Fortschrittliche Betriebsführung 4/1970

Stähle, W. — Organisation und Führung soziotechnischer Systeme
Stuttgart 1973

Stähle, W. / Grabatin, G. — Effizienz von Organisationen
Die Betriebswirtschaft 1B/1979

Staudt, E. (1) — Entkoppelung im Mensch-Maschine-System als Grundlage einer Flexibilisierung von Arbeitsverhältnissen in: Mikroelektronik und Dezentralisierung
Berlin 1982

Staudt, E. (2) — Wachsende Freiräume in der Gestaltung von Arbeitsorganisationen
Mitteilungen aus der Arbeitsmarkt- und Berufsforschung 1/1984

Streim, H. — Fluktuationskosten und ihre Ermittlung
Zeitschrift für betriebswirtschaftliche Forschung 2/1982

Teriet, B. — Zeitsouveränität - eine personalwirtschaftliche Herausforderung
Personal 3/1983

Thom, N. — Zur Effizienz betrieblicher Innovationsprozesse
Köln 1976

Thommen, A. — Personalfluktuation in der Personalwirtschaft
Wirtschaftspolitische Mitteilungen 7/8 1982

Ulich, E. / Alioth, A. — Neue Formen der Arbeitsorganisation und deren mögliche Auswirkungen auf Führungsaufgaben
Planung+Produktion 3/1982

VOLVO, Schweden — Jahresarbeitszeitvertrag
Stuttgarter Zeitung vom 15.6.1976

Wettstein, A. — Führen mit System
Zürich 1977

Wiesenthal et al. — Arbeitszeitflexibilisierung und gewerkschaftliche Interessenvertretung
WSI-Mitteilungen 10/1983

Wyler, R. — Die gleitende Arbeitszeit nach schweizerischem Recht
Zürich 1976

Stichwortverzeichnis